French Revision for Leaving Certificate

(Higher Level)

THIRD EDITION

Peter McDonagh

GILL & MACMILLAN

Gill & Macmillan Ltd
Hume Avenue
Park West
Dublin 12
with associated companies throughout the world
www.gillmacmillan.ie

978 07171 4141 8

Print origination by Carrigboy Typesetting Services

The paper used in this book is made from the wood pulp of managed forests. For every tree felled, at least one tree is planted, thereby renewing natural resources.

For permission to reproduce photos grateful acknowledgments are made to the following:

Camera Press; Sygma; French Picture Library; Rex Features; Rapho; Gamma; Clive Barda/Performing Arts Library; Popperfoto.

Contents

Section 1 – The Oral Examination

Format

(a) The oral lasts 12 minutes.

(b) Marks: 25% for Honours Level
20% for Ordinary Level

(c) All candidates are marked out of 100. An adjustment will be made for Ordinary Level pupils (/80) by the computer in Examinations Branch, Athlone.

(d) All students must take the general conversation part of the exam. This takes the form of straightforward questions put to the student in a fairly direct way. It is intended to put the pupil at his/her ease and to develop an informal conversation between the examiner and pupil. The discussion will be about the student's general interests and life, for example, area of residence, school, hobbies, sports, career plans and so on. The oral is not an interrogation; rather it ought to be seen as a friendly chat. Note that the dialogue is usually conducted in the polite form – *vous.*

(e) Students may also choose two options from the following:

(i) discussion of a chosen article (referred to as 'document')
(ii) picture stimulus
(iii) project.

NOTE: No student is obliged to take any of the options – in which case the exam will consist simply of a 13-minute conversation. The remaining 2 minutes will include the time for the examiner to calculate the marks and to do the paper work.

(f) chosen article/picture stimulus
Students choose this themselves. The article should **not** be from a textbook, and should relate to France in some way. They may provide a second copy for themselves, but this is not essential.

Candidates who avail themselves of this option will be required to bring the material into the examination room. Texts in languages other than French will not be acceptable.

Candidates will be expected to answer questions on whatever type of material they have chosen to work on.

(g) Marks: (Total = 100 marks out of 400)
Oral test:

Pronunciation, intonation and rhythm .... 20 marks
Vocabulary .... 20 marks
Structures .... 30 marks
Communication .... 30 marks

NOTE: other optional elements will be marked as part of this general conversation.

Sample conversation:

– Comment vous appelez-vous ?
– Je m'appelle Janice, mais mes amis m'appellent Jan.

– Quel âge avez-vous ?
– Je viens { de fêter mon dix-huitième anniversaire. / d'avoir . . . . }
– Je suis né(e) le neuf avril mil neuf cent quatre-vingt-dix.

– Qu'est-ce que vous avez fait pour fêter votre anniversaire ?
– J'ai fait une boum chez moi. Il y avait vingt invités. J'ai reçu pas mal de cadeaux de mes amis. On s'est bien amusé. Malheureusement, on a laissé tomber du café sur la moquette.

NOTE: One vital point to be noted so early is the need for students to develop a simple area like one's age. Don't just say that you are 18 and leave it at that. Instead, say a few sentences about it, for example, your birthday, presents, party and so on. This goes for almost all questions. Even your name can give a little mileage: 'my name is William but my friends call me Bill', instead of just saying 'William'.

Remember: the ability to vary your vocabulary and to develop a subject will earn you a considerable increase in marks!

– Qu'est-ce que vos parents vous ont donné ?
– Ils m'ont acheté un appareil-photo japonais. C'est formidable.
– Vous vous intéressez à la photograhie ?
– Oui, depuis longtemps. Je suis un passionné de photographie.

NOTE: that at this early stage of the oral that the student can and should dominate the conversation by directing the examiner into areas of the student's own interest. For example, answering the question about birthday presents allows the student to talk about a hobby, that is, photography.

– Combien êtes-vous dans votre famille ?
– Nous sommes sept : mes parents, mes deux frères qui sont plus âgés que moi, mes deux sœurs et moi. Je suis la cadette de la famille.

– La cadette ? Alors, êtes-vous gâtée ?
– Non, je ne suis pas gâtée. Mes parents nous traitent de manière égale. Je ne suis pas plus avantagée que mes autres frères et sœurs.

– Est-ce qu'il y a des inconvénients à être la plus jeune ?
– Oui. Mes parents veulent que je me comporte comme un adulte. Je dois avoir de bonnes notes en classe comme mes frères et mes sœurs. Qui plus est, je ne peux pas regarder mes émissions préférées à la télé.

– Que font vos parents dans la vie ?
– Mon père travaille comme comptable chez IBM. Ma mère est infirmière. Elle travaille à temps partiel trois nuits sur sept dans un hôpital.

NOTE: when you are saying that a parent 'works' for a company, 'for' is best done by *chez*.

NOTE: The absence of the indefinite article *un/une* when saying what someone does for a living. Other examples are:

Mon frère est médecin.
Madame Vaurigard est vétérinaire.
Il veut être dessinateur.
Caroline espère devenir agent de police.

– Est-ce que vous aidez vos parents chez vous ?
– Oui, certes. Je dois ranger ma chambre et faire la vaisselle. De temps en temps je passe l'aspirateur dans le salon. La plupart du temps je fais les courses.

– L'école, ça te plaît ?
– Oui, ça me plaît parfois. Cependant, on a trop de devoirs à faire. Tout compte fait, c'est normal en Terminale.

– Qu'est-ce que vous aimez le plus à l'école ?
– Ce que j'aime le plus c'est mes copines. Sans elles, ça serait très ennuyeux pour moi.

– Et les profs ?
– On s'entend bien. Les profs sont assez sympas et nous aident beaucoup. Il y en a une avec laquelle je me dispute. Nous sommes tous différents, n'est-ce pas ?

– Vous faites du sport ?
– Oui, je suis très sportive. Je joue au hockey ; je suis membre de l'équipe de l'école. Je m'entraîne avec l'équipe deux fois par semaine. J'ai marqué deux buts la semaine dernière.

– Félicitations. Vous vous intéressez à d'autres sports ?
– Bien sûr ! Je suis passionnée du cyclisme. Le dimanche matin, je roule vingt kilomètres. En été, je joue au tennis et je participe aux tournois. Je n'ai jamais rien gagné.

– À part le sport, comment est-ce que vous passez votre temps libre ?
– D'habitude je vais voir un film au cinéma le samedi soir. Je m'intéresse à la lecture. J'aime lire les romans de Grisham. J'adore son genre de livres. Je n'ai pas le temps de lire beaucoup à cause de mes études. Comme vous savez, je passe le bac en juin.

– Le cinéma, ça vous intéresse ?
– Mais oui, ça m'intéresse beaucoup. Je vais voir un film de temps en temps avec mon petit ami. Ce qui me plaît le plus, ce sont les films d'horreur.

– Quel était le dernier film que vous avez vu ?
– J'ai regardé *Shrek* sur cassette. C'était assez bon.

– Recevez-vous de l'argent de poche ?
– Oui. Je reçois dix livres par semaine. Je pense que cela suffit pour payer mes sorties du week-end. Cependant, il me faut plus d'argent pour couvrir mes frais quotidiens.

– Vous devez payer d'autres trucs ?
– Bien sûr. Je dois acheter mes affaires d'écoles, telles que les livres, les stylos, les cahiers et ainsi de suite. De plus, j'économise pour un séjour en Italie l'été prochain.

– Qu'est-ce que vous faites pour gagner de l'argent ? Aidez-vous à faire le ménage ?
– Oui, j'aide quelquefois. Je passe l'aspirateur, fais le repassage, fais les achats et pendant l'été, je tonds la pelouse pour mes parents.

– Avez-vous un petit boulot en été normalement ?
– Bien entendu. J'ai un boulot dans le supermarché près de chez moi. Ce n'est pas bien payé mais ça m'amuse. Je m'occupe des clients et je remplis les rayons.

– Après l'école, que comptez-vous faire ?
– J'ai l'intention de faire une licence à la Fac. J'espère m'inscrire à TCD pour étudier le Droit. Je veux devenir avocate.

– Pourquoi avez-vous choisi cette carrière ?
– Parce que ça m'attire, le Droit. Mon père est notaire, et cela a une grande influence sur moi. Je voudrais aussi servir le public.

– Est-ce qu'il vous faut beaucoup de points pour aller à l'université ?
– Certes ! C'est très dur. Bien des élèves n'arrivent pas à obtenir une place à la Fac. C'est moche ! Ce n'est pas la bonne façon de juger les médecins, les comptables ou les professeurs de l'avenir.

– Si vous aviez le pouvoir de choisir les étudiants, comment le feriez-vous ?
– C'est facile. Je mettrais en place des interviews pour sélectionner ceux qui conviennent le mieux à telles ou telles études. De cette façon, on choisirait les meilleurs candidats.

– Si vous n'obtenez pas les points requis pour votre choix, que ferez-vous à la place ?
– Je redoublerai.

– Avez-vous déjà voyagé à l'étranger ?
– Oui, une fois il y a deux ans. Quand j'avais seize ans, ma famille et moi avons séjourné en Allemagne. C'était génial.

– Pourquoi l'Allemagne ?
– Parce que le paysage est merveilleux dans le sud du pays. Il y a beaucoup de forêts. Les Allemands sont sympas et aimables. Nous y sommes aussi allés car mon père est connaisseur de vins et il voulait déguster les vins.

– Comment est-ce que vous y êtes arrivés ?
– On est parti de Dublin et nous avons pris le ferry de Rosslare au Havre. On a parcouru le nord de la France. Puis, nous avons traversé la Belgique, et enfin nous sommes arrivés en Allemagne. Il nous a fallu deux jours de voyage, mais ça valait la peine.

– Où êtes-vous restés ?
– Nous sommes descendus dans un hotel à Rothenburg. C'était confortable, mais je n'ai pas aimé la cuisine allemande.

– Êtes-vous jamais allé en France ?
– Non, je ne suis jamais allé en France. Je compte y aller bientôt pour améliorer ma connaissance de la langue.

– Très bien. Bonne chance. C'est tout. Au revoir.

Tips

Now let's look at some areas of the oral exam worth noting:

(a) An age-old mistake with nervous candidates is to reply to questions with the exact same person of the verb! It is called 'echoing' the question, i.e. you are repeating the same sounds as the examiner's questions. To illustrate the point look at these examples:

– Allez-vous au cinéma ?
– Oui, ~~j'allez~~ au cinéma. (Naturally, 'I go' is *je vais.*)
– Recevez-vous de l'argent de poche ?
– Oui, ~~je recevez~~ dix livres par semaine. (It should of course be: *je reçois*).
– Aimez-vous voyager ?

– Oui, . . . aller à l'étranger. (Correction: *j'aime*)
– Préférez-vous le sport au cinéma ?
– Non, . . . le sport. (Insert: *je préfère*)

There has been a tendency among pupils since 1st Year to pronounce the *e* ending of verbs as *ez*. For example, *je donne* can often be mispronounced as *je donnez*. So watch that, because pronunciation is assessed during the conversation.

(b) Something that is rarely used by students, either in the oral or elsewhere, is the object pronoun (*le pronom d'objet*). For example, in the last question, above, about France, instead of repeating the same word back to the examiner, we change it to a pronoun. We do the exact same thing in English. Thus, we say 'I intend to go there'. Also, in questions like *Aidez-vous votre mère à la maison ?*, we should reply *Oui, je l'aide* and not *Oui, j'aide ma mère,* though this is gramatically correct, it is just better French to use pronouns.

(c) Always listen to the verb in the examiner's question! It gives you something to reply with, instead of gazing at the wall trying to find a start to your answer. Remember that marks are lost for long gaps in responding to questions. So, for example, if the question is:

– *Aimez-vous porter l'uniforme à l'école ?*

then, once you hear *aimer,* you now know that your answer can begin with either *Oui, j'aime . . .* or *Non, je n'aime pas . . .* (a wider choice of verbs of liking are given below). Furthermore, you will also have heard the infinitive *porter,* thus, you know that you must use it. A second example:

– *Avez-vous jamais été en France ?*

You hear the opening *avoir,* then the past participle of *être.* It is obviously the Passé Composé. So you will most likely use this tense. You may find it safer to give back the same verb:

– *Non, je n'ai jamais été en France.*

This shows good manipulation of an answer, a straightforward reply which proves that you understood the question. However, it is just a little unimaginative, and couldn't be used all the time.

– *Non, je ne suis jamais allé en France, j'espère y aller l'été prochain.*

The use of a pronoun (*y*) always impresses. Also, not only should you give back a straight answer, but develop it slightly, as in the above example. Finally, this example:

– *À quoi vous intéressez-vous ?* What are you interested in?

When you hear *vous* twice, then you know instantly that it is a reflexive verb. So you must reply thus: *Je m'intéresse à.* This is especially important when speaking in the past tense:

– *À quelle heure est-ce que vous vous êtes levé ce matin ?*

Reply: *Je me suis levé à sept heures.*

(d) Listen for prepositions used in the question, because they have the advantage of saving you the trouble of having to think them up. The examiner has done that for you! In the above example regarding interests, you were asked *À quoi* . . . . So now you know that you must answer: *Je m'intéresse à la lecture,* because *s'intéresser* takes *à*.

Other examples:

– *À quoi sert une calculatrice ?*	– What's a calculator used for?
– *Ça sert à faire des calculs.*	– It's used for working out sums.
– *En quelle matière êtes-vous faible ?*	– In what subject are you weak?
– *Je suis faible en maths.*	– I'm weak in maths.
– *De quelle ville est-il parti hier ?*	– What town did he set out from?
– *Il est parti de Rome.*	– He set out from Rome (he left Rome).

(e) Don't depend on long passages to be repeated 'parrot' fashion in the exam! This goes against you for the following reasons:

(i) It all seems so unnatural – it's coming from a book or memory-bank, not from you.
(ii) It can reveal that you have a limited vocabulary, and that you have to learn by heart. You won't fool the examiner.
(iii) You will not get the credit that you deserve for the language that you do understand, which is contained in the regurgitated passages. With the increased allocation of marks, regurgitation is even less acceptable.

However, some material must be learned off, and this can increase one's confidence when speaking. Weaker students have to rely upon such material. It just should not be too obvious in your oral exam.

(f) Dominate the conversation! If the conversation is punctuated with one-word or one-sentence answers, then the examiner feels pressure to come up with more questions, perhaps on more difficult subjects. So, try to lead the oral in the direction that you want it to go. For example, if you have an unusual pastime, such as collecting coins, or a rare sport like sky-diving, then these would probably be exploited by the examiner. However, if you have not pre-prepared the subject, then you will have problems. If you are wearing your prefect badge into the oral exam, then at least know what a prefect does, in French. An examiner will usually follow the line of dialogue which interests the student.

(g) Try to vary your language. Build up a large repertoire, of verbs especially. Practise with a friend and develop your self-confidence. Take, for example, this description of a holiday journey, and what very common verb is replaced by others?

On est parti de chez nous à neuf heures, et a pris le train de dix heures. On est descendu du train à Rosslare, et ensuite on est monté dans le ferry. Quand nous sommes arrivés au Havre, nous avons loué une voiture. Puis, nous nous sommes dirigés vers le sud. Nous avons parcouru la campagne pendant la journée. C'était assez dur parce que nous devions conduire à droite. Nous avons roulé deux cents kilomètres le premier jour de notre séjour en France.

Le lendemain matin, ma famille et moi nous sommes mis en route pour Besançon. Nous avons voyagé pendant deux heures par un temps de chien.

The common verb that is missing from this text is, of course, *aller*. This verb is over-used, and betrays a lack of variety in one's vocabulary. Fluency boosts grades. Other examples:

To return
There are a few ways apart from the usual *retourner*. Try instead the following choices:

Je reviendrai à 18h. / Je serai de retour à 18h. / Je rentrerai à 18h.

To intend
Two good verbs are:

J'ai l'intention de trouver un emploi / je compte trouver un emploi.

Talking about career plans
Je vais être dessinateur / j'espère devenir dessinateur / je voudrais être . . .

To begin
Commencer à : nous avons commencé à écrire des lettres.
Se mettre à : nous nous sommes mis à lire.

In this short section, you will find words which can, in English, be used in different contexts without changing spelling, but their equivalents in French are not so easily manipulated. The following examples will explain:

To work
(people) *Mon père travaille comme dessinateur.*
(mechanical) *Cette montre ne marche pas. Ça m'a coûté cher.*
(systems) *Le régime de cette école ne fonctionne pas.*

To like
A most common verb, and one which has lots of variations. A knowledge of them will get an oral examiner's attention!

J'aime pêcher avec mon père. I like fishing . . .
La pêche, ça me plaît. I like fishing (literally fishing pleases me)
Je me passionne pour le foot. I love football
Je suis amateur de cinéma. I'm a fan of the cinema
Je suis fana de vélo. I'm mad about cycling
Je suis un fervent du hockey. I'm an enthusiast for hockey

➤ in answer to the question *Le sport, ça vous plaît?*, you could answer *Oui, ça me plaît.*

To go: English has several phrasal verbs, e.g., get in, get out, get angry, get lost, etc.

'to go' is another one of those verbs. That is, many different phrases can be made up by using 'go' plus a preposition. However, the French do not use *aller.* Look at these examples:

(a) Go on a trip, walk, etc.

Je suis allé(e) en excursion en Suisse avec l'école. I went on a school trip to Switzerland.
Nous avons fait des randonnées en montagne. We went for walks in the mountains.
Ils ont fait du camping en Provence. They went camping to Provence.
Elle s'est baignée en mer. She went swimming in the sea.
J'ai fait un tour en voiture. I went for a drive.

(b) Go up/down:

Il m'a fallu monter l'escalier pour trouver ma valise. I had to go upstairs to find my case.
La voiture a descendu la rue à toute vitesse. The car went quickly down the street.

NOTE: *descendre* and *monter* are transitive verbs in these examples, i.e. they take a direct object. They both take *avoir* in the Passé Composé.

(c) Go up to:
Je me suis approché du guichet pour acheter mon billet. I went up to the counter to get my ticket.
Je me suis addressé à l'agent pour demander le bon chemin. I went up to a policeman to ask him the way.

(d) Others:
Les enfants se sont couchés tôt. The children went to bed early.
Mon oncle s'est engagé dans l'armée à l'âge de 14 ans. My uncle went into the army at 14.

To wish, want
Je voudrais devenir acteur après l'école. (*vouloir*)
Que désirez-vous, monsieur ? – Je veux acheter un pardessus. (*désirer*)
Je n'ai pas envie de sortir ce soir. (*avoir envie de* to feel like)
Je vous souhaite un joyeux anniversaire. (*souhaiter* to wish, used in greetings)

To be able to, can

Nous pouvons partir maintenant. (*pouvoir* suggests convenience or skill)
Nous savons conduire; je sais chanter. (*savoir* suggests skill or learning)

To go

Elle va chez sa copine. (normal use of *aller*) She's going to her friend's house.
Ma montre ne marche pas. (Use *marcher* when something doesn't work, isn't going.) My watch isn't going.
Le camion roulait à 60 kilomètres à l'heure. (Use *rouler* when cars, trucks, etc. are 'going'.) The lorry was going at 60 km per hour.

Avoir

Qu'est ce qu'il a ? What's wrong with him?
Il a mal aux dents. He has toothache.
J'ai dix-huit ans. I am 18 years old.
Elle a faim. She's hungry.

Faire

Je vais faire une randonnée en montagne. I'm going on a hike in the mountains.
Est-ce que tu fais une excursion en vélo ? Are you going for a cycle?
Nous faisons du tennis. We play tennis. (We do tennis.)
Il fait deux milles. He goes two miles.
Les inondations ont fait douze morts. The floods claimed 12 deaths.
Elle a fait venir le médecin. She sent for the doctor (literally: 'she makes' . . . come).
J'ai fait construire cette maison. I had this house built (literally: 'I made to build' this house).

Passer

Je passe le sel à mon hôte. I pass the salt to my host.
Je passe mon bac. I'm sitting (not 'passing') my Leaving Cert.
Nous passons notre temps à jouer au hockey. We spend our time playing hockey.
Ils passent chez moi. They call on me (drop into my house).
On passe Batman *au cinéma.* They're showing *Batman* in the cinema.
Le film passe à l'Adelphi. The film is on in the Adelphi.

Prendre

Les hommes politiques prennent conscience de la crise. The politicians are aware of (realise) the crisis.
Ils prennent une décision. They make (take) a decision.
J'ai pris un rendez-vous. I made an appointment.
La grève prend racine / fin. The strike is taking root / is over.
Le bâtiment prend feu. The building catches fire.

Tenir

Il tient les yeux fermés. He keeps his eyes shut.
La direction tient une séance. The management are holding a meeting.

Son offre tient toujours. His offer still stands.
Il tient à vous rencontrer. He is anxious to meet you.
Mon père tient un magasin. My father runs a shop.

PRONUNCIATION (20 MARKS)

This section will be examined as you speak.

The principle aspects of pronunciation to be targeted are the following:

1. The nasal vowels

(a) *on / om*: as in *bonbon, ton, nom, son, donjon, façon.* This vowel sound is achieved by saying the English word 'on'. You will notice that your tongue touches the roof of your mouth. Now say 'on' again, but don't let your tongue touch the upper part of your mouth. Round your lips a little more and you have now got the French sound *on.*

Practise with:

prénom, liaison, font, sont, thon, raison, le pont d'Avignon, Besançon.

(b) *in / im*: as in *pain, imperméable, principal, vingt, coincé.*

also in words ending in *ien, ain*: *américain, bien, ancien.*

To achieve this vowel, say the word 'an'. As above, your tongue touches the roof of your mouth. Repeat the word 'an', but do not allow your tongue to touch the roof of the mouth.
Practise with:

matin, instant, immobile, impoli, je viens, le terrain de foot, Africain.

However, if the word is in its feminine form, then there should be no nasalisation, i.e., you can let your tongue reach the top of your mouth:

américaine, africaine, certaine.

(c) *en / an*: as in *pendant, décembre, chance, rendre.*

To say this vowel, pronounce the English word 'on' again. Repeat and do not allow the tongue to touch the roof of your mouth. That is the sound of the French *en / an.*
Practise with:

il semble, enfant, maintenant, agent, elle ment, les gens, température.

2. The consonants '**p**', '**t**' are to be pronounced without aspiration. That means that these consonants are spoken without any release of breath as is done in English.

Hold up a mirror to your mouth. Say *poser, parler, tant, temps.* If you have aspirated, then the mirror will fog up. If the mirror is clear, then you got them right.

3. The letter '**r**'. A very difficult one indeed, because it is so unnatural for Anglophones to vibrate the '**r**'. For example, try to pronounce these words like a true Frenchperson:

Elle regarde, par terre, la rédactrice, on est rentré

Try again, but this time 'clear' (as in gargling) your throat slightly when you come across the letter '**r**'. Initially try 'r' after 'g' and 'b':

grand, gros, brun.

Now attempt these:

rang, rare, rapporter, ramener, rattraper, rue, renverser, ronronner.

4. The ***ille*** sound: as in *ville.* The 'll' is pronounced in a few cases:

ville, tranquille, mille.

However, it is silent in the most cases:

famille, fille, habille.

5. Watch out also for the ***heure*** sound. It is not pronounced as in the English 'Moors'. Rather it is spoken as the English word 'earl' without pronouncing the 'rl'. Try these:

leur, les mœurs, mes sœurs, les fleurs, la peur.

6. The difference between ***ou*** / ***u*** as in *vous* / *vu.* Here, say the letter 'e'. Repeat it but instead of saying 'e', say 'u'. That is the French *u* sound. The 'ou' sound is the same as the English 'oo' as in 'school'. It is very easy. Now pronounce these:

bu / bout ; tu / tout ; nu / nous ; vu / vous ; pu / pour ; su / sous ; fut / mou.

Be careful also with:

Louis / lui.

7. The ***eil*** sound which is frequently mispronounced. It is pronounced as 'ay' as in 'Monday'. Some common examples:

le soleil, la corbeille, l'oreille, le réveil, une vieille dame, c'est pareil, surveillez-les.

8. The typically French ***gn*** consonant, as in *Cognac.* The *g* is silent:

les montagnes, la ligne, Champagne, les champignons, l'agneau, c'est magnifique, il est mignon.

9. The *t* in ***-tion*** in French has an 's' sound. *Attention* is pronounced as though it were spelt 'Att-awnce-ion'. Practise:

l'inaction, les attractions, avec mention, la situation, la constitution.

10. Be careful not to pronounce the letter ***s*** where it is silent, for example:

dans la maison, ils jouent, nous donnons des fleurs, les voitures.

So avoid pronouncing *s* before a consonant.

11. Finally, avoid the temptation to pronounce the ***-ent*** ending (*in verbs* only). This is also a common error. The *-ent* is silent in verbs:

ils me donnent, elles jouent au hockey, ils prennent, ils regardent, ils écoutent.

Expressions useful for conversation (and also for the 'Production Ecrite' questions (see Section 4)):

1. Liking / preferring something

J'aime la lecture. I like reading.
J'adore le théâtre. I love theatre.
Le sport, ça me plaît beaucoup. I like sport (sport pleases me).
Je me passionne pour la pêche. I love fishing.
Je suis amateur de films. I'm keen on films/an avid follower of films.
Elle préfère le hockey. She prefers hockey.
Je m'intéresse au cinéma. I'm interested in the cinema.
Elle aime mieux parler allemand. She prefers to speak German.
Sa matière préférée est le dessin. Her favourite subject is Art.
Il est fort/moyen en gaélique. He's good/average at Irish.
Ça m'intéresse beaucoup. That interests me.
Je les trouve formidables. I think they're great.
Ce n'est pas mal. It's not bad/it's OK.
Ce que j'aime le mieux, c'est l'informatique. What I like best is Computer Studies.
J'ai envie de faire un tour en voiture. I feel like going for a drive.

2. Disliking

Je n'aime pas ça. I don't like that.
Le dopage, ça ne me plaît pas du tout. I don't like drugs at all (does not please me).
Je déteste la pluie. I hate rain.
Ça ne m'intéresse pas tellement. That doesn't interest me so much.
Ça ne me dit rien ! That does nothing for me!
Je ne peux pas supporter l'impolitesse. I can't stand rudeness.
Je trouve ça difficile. I find it difficult.
J'ai horreur de ça ! I hate that!
Il n'y a rien qui me déplaise plus que de me lever tôt. There's nothing I dislike more than getting up early.

3. Enjoyment
Ça m'a beaucoup plu. I really liked/enjoyed that.
C'était formidable/super/extra/chouette/génial. It was great/terrific.
Je me suis bien amusé. I enjoyed myself/I had a great time.
C'est marrant ! It's a howl/a great laugh!

4. Criticism
Je le trouve casse-pieds ! I think it's a pain!
Ce qui m'agace, c'est le . . . What gets me is the . . .
Ce qui m'énerve, c'est que . . . What annoys me is that . . .
Ce qui m'ennuie, c'est la . . . What annoys me is the . . .
Ça ne me dit pas grand-chose. It doesn't do much for me.
Je crois que c'est ennuyeux. I think it's boring.
Que c'est barbant ! What a bore!
L'embêtant, c'est son style. The annoying thing is his style.
Ce n'est pas mon genre de roman. It's not my type of novel.
Je m'y oppose catégoriquement. I'm dead against it.
Je doute que ce soit vrai. I doubt that this is so.

5. Agreeing
D'accord. OK / agreed.
Ça me va. That suits me.
Ça me convient. That's OK with me / suits me.
Si tu veux. If you like.
Je suis entièrement d'accord avec vous. I'm in total agreement with you.
Il est évident qu'elle a raison. It's obvious that she's right.
Rien n'est plus vrai que cela. Nothing is more true than that.

6. Giving your point of view
À mon avis / selon moi / d'après moi. In my opinion / according to me.
En ce qui me concerne / pour ma part. As far as I'm concerned / for my part.
Je soutiens qu'ils ont tort. I maintain that they're wrong.
Ce qui me frappe le plus, c'est le chômage. What I find most striking (strikes me the most) is the unemployment.

7. Indifference
J'ignore tout du rugby. I know nothing at all about rugby.
Cela m'est égal. It's all the same to me.
Peu importe. No problem.
Je n'en ai aucune idée. I have no idea.
Je n'ai pas la moindre idée de ce que je vais faire. I haven't the slightest idea about what I'm going to do.

8. Troubleshooters
Phrases to help you when you either don't understand the question or when you don't have an opinion about a topic.

NOTE: if you say that you do not understand a question too often, it may result in lower marks for Communication. These phrases are to be used as a last resort, not a first resort!

Voulez-vous répéter la question, s'il vous plaît ?
Will you repeat the question, please?
Pardon, je n'ai pas compris.
Sorry, I don't understand / I didn't get that.
Excusez-moi, mais je ne comprends pas la question.
Sorry, but I don't understand the question

Je regrette, mais je ne sais pas.
Sorry, but I don't know.
Je n'en ai aucune idée .
I've no idea about that / I haven't a clue.
Je n'en suis pas sûr.
I'm not sure about it (*en* about, of it)

NOTE: Over the years, teachers have remarked on a number of common errors made by their students. If these mistakes are experienced in several schools, you can bet that they are found throughout the country. It is recommended that students learn from these errors. Here are some examples:

1. Words connected with school life were not known:

   niveau ordinaire / supérieur, pause-déjeuner, école primaire.

2. Words connected with career or third-level studies were often unavailable:

   formation training, *stage* course, *diplôme* diploma.

3. Most candidates do not realise that a *collège* is a junior cycle second-level school.

4. The word for 'facilities', relating to the locality or school, is in fact *installations*, as in: *Il y a des installations sportives dans notre école.* Students could use the words *équipements* or *possibilités.*

5. Even average candidates confused *matière* (school subject) with *métier* (occupation).

6. Problems with numbers, especially *cinq/quinze /cinquante, six / seize.*

7. Many students did not know the meaning of *attendre* (to wait for). 'To attend' is *assister à*:

   Mon frère a assisté à cette représentation. My brother attended this play.

8. The oral examiners were surprised at the number of students who introduced a topic, but could not develop it. They did not have the necessary

vocabulary. For example, some students said that they liked television 'soaps' but could not describe characters / events / scenes. Similarly with film 'buffs'.

9. Examiners were equally surprised that students from farming backgrounds did not know the basic vocabulary for farm animals / activities:

   e.g. *poule, vache, mouton, donner à manger à, traire.*

10. Failure to understand simple questions about school routine:

    e.g. *À quelle heure est-ce que les cours commencent / se terminent ?*

11. Failure to understand basic vocabulary relating to time:

    e.g. *hier, l'année dernière, la semaine prochaine.*

    Therefore, candidates made serious mistakes by giving the wrong tenses in their answers.

12. The misuse of *d'accord* to mean OK. The proper use of this word is when you are agreeing to a suggestion:
    – *Si on faisait une partie du tennis ?*
    – ***D'accord*** (OK / Agreed)
    but,
    – *Êtes-vous fort en anglais ?*
    – *Je suis un élève* ***moyen*** (I'm OK; I'm average)

13. Too many candidates confined their responses to a mere *Oui* or *Non.*

14. There were problems with regard to *pour / pendant / depuis* (for);

    (a) *J'ai fait du cyclisme* ***pendant*** *cinq ans.* I did cycling for 5 years. (Past)
    (b) *Je fais du cyclisme* ***depuis*** *cinq ans.* I have been doing cycling for 5 years. (Present – still cycling)
    (c) *Je ferai du cyclisme* ***pour*** *cinq ans.* I will do cycling for 5 years. (Future)

15. Beware the 'echo response', i.e.:

    – *Qu'est-ce que vous achetez ?*
    – *J'achète des disques.* (Not *j'achetez*)

16. Watch out for the following prepositions:

    to / in France *en France*
    to the cinema *au cinéma*
    on Saturday *samedi* (no preposition)
    at the weekend *le week-end.*

17. Get the genders right for fundamental phrases, e.g.:

    mon père ; ma mère ; ma petite sœur ; ma sœur.

18. Generally, few people used the object pronouns, e.g.:

    J'y vais ; *je* ***l'****aide* ; *mes parents* ***me*** *donnent* ; *je* ***lui*** *ai parlé* ; *j'****en*** *ai six.*

19. The partitive article:

    J'ai beaucoup ***de*** *disques.*

20. Do not add prepositions to the following verbs:

    Nous ***regardons*** *la télé le soir.* We look at the television in the evenings.
    J'aime ***écouter*** *mes disques.* I like listening to my records.
    J'espère *revenir en France.* I hope to return to France.

21. Be careful when giving people's ages:

    J'ai *dix-huit ans et ma sœur* ***a*** *vingt ans.* (Always use *avoir.*)

22. Watch the exceptional past participles:

    J'ai ***pris*** I took / have taken
    J'ai ***lu*** *un roman.* I read a novel.
    J'ai ***mis*** *mes gants.* I put on my gloves.

23. Remember!

    C'est *un ordinateur.* **It is** a computer.
    Il est *malade.* **He is** sick. (Also: masculine 'it is' with an adjective: ***Il est*** *vert.* It is green.)
    Il y a *trente élèves dans ma classe.* **There are** 30 pupils in my class.

24. Note also the present 'continuous':

    Je ***vais*** *passer du temps à l'étranger.* I **am going** to spend some time abroad.
    Je ***travaille*** *dans un bistrot.* I **am working** in a pub.

25. Include prepositions here:

    Mon ami joue ***au*** *foot.*
    Je joue ***du*** *piano.*
    Elle fait ***du*** *ski.*

26. Communication is hampered (hence fewer marks) by poor pronunciation.

27. Too many students prepare a set script, and if the examiner ventures slightly off the script, the student becomes confused:

    – *Quelle est la matière que vous aimez le plus ?*
    – *Pardon ?*
    – *Quelle est votre matière préférée ?*
    – *Ah, oui . . . la biologie !*

Marks are lost when the pupil cannot reply to simple questions about the material which s/he has learned off.

Typical subjects

We will now deal with some of the typical subject areas usually covered in the oral examination. First, you will see five subjects highlighted in a question/response style. Then you will be able to formulate your own answers to five other subjects in which there will be blanks after every question to allow you to respond. These answers can be corrected by your teacher, and then you can rehearse them on your own or with another student. They should, of course, be your **own individual responses** relating to your own situation, and not those of the entire class.

If working alone at home, you could use a tape-recorder. Just read out the questions to be taped, allow a short pause for your answer and read the next question, and so on. Then play back the tape. Listen to the questions, and respond aloud as if you are speaking to someone. This is a good exercise for answering under pressure, timing your answers and verbalising your responses aloud. It is a simulated oral test.

NOTE: The sequences of these conversations may at times seem out of 'sync'. That is because the aim of this exercise is to offer several possible answers from people of different tastes. Each subject does not take one person's answers into account. Questions may be repeated, but this is merely to show you how questions can be asked in different ways.

SUBJECT (A): VOUS-MÊME

(Remplissez les blancs):

1. Vous vous appelez comment ?

   . . . .

2. Quel âge avez-vous ?

   . . . .

3. Quand est votre anniversaire ? / Quand aurez-vous dix-neuf ans ?

   . . . .

4. Vous êtes né(e) en quelle année ?

   . . . .

5. D'habitude, qu'est-ce que vous aimez recevoir comme cadeaux pour votre anniversaire ?

   . . . .

6. Que font vos parents dans la vie ? / Que fait votre père pour gagner sa vie ? / Quel est le métier de votre mère ?

   . . . .

7. Combien êtes-vous dans votre famille ? / Combien de personnes y a-t-il chez vous ?

   . . . .

8. Êtes-vous l'aîné(e) / le cadet, la cadette ?

. . . .

9. Est-ce que vous vous entendez bien avec vos frères / sœurs ?

. . . .

SUBJECT (B): LE SPORT

1. Vous pratiquez du sport ? / Êtes-vous sportif / sportive ?
   – Oui, je suis sportif / sportive. J'aime les activités en plein air. Je fais du cyclisme toute l'année. Je me passionne aussi pour l'athlétisme.
2. Quels sont les sports les plus populaires dans votre école ?
   – Ce sont le rugby, le badminton et le tennis. Le rugby est le plus populaire des trois.
3. Pourquoi est-ce qu'on préfère en général les sports d'équipes ?
   – Être membre d'une équipe, ça donne du plaisir. Il faut travailler en harmonie avec ses co-équipiers. On se fait beaucoup d'amis.
4. Que fait-on à l'entraînement de rugby / foot / hockey ?
   – On court, on saute, on fait des tractions et de la gymnastique. C'est dur et on est épuisé après l'entraînement. Mais on s'amuse !
5. Combien d'heures par semaine passez-vous à faire du sport ?
   – Hélas, la saison de rugby / foot/ hockey est terminée. En ce moment j'étudie pour mon bac. Alors, je n'ai pas le temps pour le sport. Pendant la saison dernière, je me suis entraîné trois fois par semaine, avec un match chaque week-end.
6. Aimez-vous regarder le sport à la télé ?
   – Oui, je regarde la Coupe du Monde, les Jeux Olympiques, les courses de chevaux et ainsi de suite.
7. Êtes-vous membre d'un club de golf ?
   – Oui, je suis membre du club de Skerries. Qui est plus, je fais partie de l'équipe de l'école. Cependant, je suis en Terminale et je dois me consacrer à mes études.
8. À quoi bon le sport ?
   – C'est bon pour la santé, pour se tenir en forme. Quand on fait du sport, on ne s'ennuie pas. C'est important pour former le caractère. Certains pensent que le sport contribue au développement personnel. C'est aussi une période de décontraction.
9. À quoi sert l'exercice physique alors ?
   – Ça sert à maintenir une vie équilibrée. Il faut prendre de l'exercice. Ça vous tient en forme.
10. Croyez-vous qu'on attache trop d'importance au sport dans votre école ?
   – Non, mais l'éducation physique est obligatoire pour tout le monde. Si on

fait partie de la première équipe de rugby / foot / hockey, on prend le sport au sérieux. C'est entendu. Pour le reste, on peut participer au sport si on veut. Ça me convient.

Vocabulary

il est sportif	he is interested in sport
ses co-équipiers	his team-mates
on fait des tractions	we do press-ups
ainsi de suite	and so on
se consacrer à	to devote yourself to
se tenir en forme	to keep fit
la décontraction	relaxation

SUBJECT (C): L'ARGENT DE POCHE

1. Est-ce que vous recevez de l'argent de poche ? / Est-ce que vos parents vous donnent de l'argent de poche ?
   – Oui, je reçois dix livres par semaine / ils me donnent dix livres . . .

   (ou)

   (Comment est-ce que vous gagnez de l'argent ? – j'ai un petit boulot)

2. Que faites-vous de cet argent ? / Comment est-ce que vous dépensez l'argent ?
   – Je dépense mon argent pour mes frais de transports, mes affaires pour l'école, les friandises. J'achète aussi des disques. En plus, je dois payer le prix d'entrée à la discothèque le samedi.

3. Vous croyez que ça suffit ?
   – Non, ça ne suffit pas. C'est dur de joindre les deux bouts. Tout est cher.

4. Avez-vous demandé à vos parents d'augmenter votre argent de poche ?
   – Certes, mais mes parents sont assez sévères. Ils ont déjà refusé. Ils m'ont dit que je devrais trouver un petit boulot pour avoir plus d'argent.

5. Est-ce qu'il vous faut faire de petits travaux à la maison en échange de l'argent de poche ? Est-ce que vous donnez un coup de main dans la maison ?
   – Oui, mais pas trop. Je range ma chambre et je fais la vaisselle pour ma mère. Le week-end, je passe l'aspirateur dans le séjour. Le lundi matin, je sors les poubelles. En été, je tonds la pelouse et lave la voiture. J'aide parfois ma mère à preparer les repas.

6. Est-ce que vous achetez des cigarettes ?
   – Non. Je ne fume pas. Je ne gaspille pas mon argent. Je travaille dur pour gagner mon argent.

7. Épargnez-vous de l'argent ?
   – Si je peux, je mets mon argent à la poste où l'on me donne un bon taux d'intérêt.

8. Pourquoi faites-vous des économies ?
   – J'économise pour une moto que j'espère acheter d'occasion l'année prochaine.

Vocabulary

les friandises	sweets
joindre les deux bouts	to make ends meet
donner un coup de main	to give a hand
sortir les poubelles	to put out the bins
le taux d'interêt	the rate of interest
d'occasion	second-hand

SUBJECT (D): L'ÉCOLE

1. Depuis quand venez-vous dans cette école ?
   ....
2. Êtes-vous souvent en retard ?
   ....
3. Combien de cours avez-vous pendant une journée typique ?
   ....
4. Les cours durent combien de temps ?
   ....
5. Qu'est-ce que vous faites pendant la récréation ?
   ....
6. Quelle est votre matière préférée ? Pourquoi ?
   ....
7. Y a-t-il une matière que vous aimez le moins / que vous ne pouvez pas supporter ?
   ....
8. Comment êtes-vous en gaélique ? en anglais ? en dessin ?
   ....
9. Est-ce qu'on vous apprend l'informatique dans votre école ?
   ....
10. Selon vous, les ordinateurs sont-ils importants ?
   ....
11. En quoi êtes-vous le plus fort à l'école ?
   ....
12. Est-ce qu'on vous donne beaucoup de devoirs à faire ?
   ....
13. Quelles installations sportives y a-t-il dans votre école ?
   ....
14. Faut-il porter un uniforme ?
   ....
15. Le régime à l'école est-il trop sévère, ou est-il libéral ?
   ....

Vocabulary

Ça me prend dix minutes pour arriver ici. It takes me 10 minutes to get here.
(*arriver* to get somewhere, i.e. to arrive)
Je passe mon bac (baccalaureat). I'm doing my 'Leaving Cert'.
On a une pause. We have a break
Je cause/bavarde avec mes copains. I chat with my friends.
Je traîne avec mes copines. I hang around with my friends.
Je me passionne pour la comptabilité . . . I love Accountancy . . .
. . . *parce que j'aime les chiffres et faire des calculs.* . . . because I like figures and doing sums.
L'histoire, ça ne me plaît pas. I don't like History.
Je trouve ça casse-pieds ! I think it's a pain!
Je parle espagnol assez couramment. I speak Spanish fluently.
Je peux soutenir une conversation en allemand. I can hold a conversation in German.
Je sais me servir d'un ordinateur et d'un traitement de texte. I can use a computer and a word-processor.
On nous donne pas mal de devoirs. They give us (we are given) a lot of homework.
le proviseur / le directeur/ la directrice Principal (lycée / college)
la politesse good manners
Je bosse tous les samedis matins. I study every Saturday morning.
Je fais partie de l'équipe de tennis. I am part of/a member of the tennis team.
On porte un blazer à écusson. We wear a blazer with a badge.
Il est démodé. It's outdated.
Il n'est pas 'dans le vent'. It's not 'cool'/up to date/'with it'.
J'ai fait l'école buissonière. I 'bunked off' school.
On nous colle/on nous met en retenue le samedi. They put us in detention on Saturdays.
Mes notes étaient moches. My marks were lousy.
Je fais de mon mieux. I do my best.
Je préfère le contrôle continu. I prefer continuous assessment.

SUBJECT (E): LA DROGUE

1. Est-ce qu'il y a un problème de drogues dans votre école/quartier ?
   – Oui, mais ce n'est pas aussi grave en banlieue que dans les lotissements. Il y a certains élèves qui se droguent. Pour moi, c'est idiot. C'est nuisible à la santé.
2. Pourquoi est-ce qu'on se drogue ?
   – La plupart des toxicomanes sont des adolescents qui viennent des foyers touchés par la misère ou le chômage. Ces problèmes ne partent jamais. On se drogue par curiosité. En plus, il y a la pression exercée par les copains.
3. Est-ce que le problème ne touche que la classe ouvrière ?
   – Non, cela touche toutes les couches sociales, les pauvres aussi bien que les milieux 'aisés'.

4. Connaissez-vous quelqu'un qui est toxicomane ?
   – Non, je ne connais personne / je n'en connais pas.

5. Est-ce qu'on vous a déjà offert des drogues ?
   – Oui, ça s'est passé dans une discothèque, mais je les ai refusées.

6. Est-ce qu'il existe dans les écoles une campagne contre la drogue ?
   – Bien entendu. On enseigne aux élèves les dangers de la drogue et du dopage. Partout dans les couloirs, on voit des posters aux murs avec le message 'À bas les drogues ! Attention au dopage !' et ainsi de suite. Des vedettes du sport et de la musique pop figurent sur les posters. Les écoles luttent contre les drogues.

7. Ça suffit ?
   – Peut-être que c'est un peu efficace. Cependant, je crois que les héros des jeunes, tels que les footballeurs, les vedettes de cinéma et les groupes de musique devraient condamner la drogue et le dopage. Par contre, il y a plusieurs vedettes qui prennent des drogues. Ils sont si 'égoïstes'.

8. Peut-on renoncer à l'habitude de la drogue ?
   – C'est possible, mais c'est dur. Il faut avoir de la volonté. L'embêtant, c'est que la drogue fait maintenant partie de la culture de la jeunesse.

9. Quels sont les effets des drogues ?
   – Cela dépend des drogues. Quand on se drogue, on cherche de nouvelles sensations, mais ça entraîne la tristesse, la peur et des pertes de mémoire. Ça détruit aussi les rapports avec amis et famille.

10. Que faut-il faire pour faire face à ce problème ?
    – Il faut que les pouvoirs publics exercent plus de pression sur les trafiquants. Les parents doivent surveiller leurs enfants et les copains pour pouvoir agir ensemble.

Vocabulary

les lotissements	housing estates
les toxicomanes	addicts
les vedettes	stars
faire face à	to confront
les trafiquants	dealers

SUBJECT (F): LES LANGUES VIVANTES

1. Depuis quand apprenez-vous le français ?
   – J'apprends le français depuis cinq ans.

2. Avez-vous eu le choix entre plusieurs langues en sixième ?
   – Non, c'était obligatoire d'étudier le français. Mais on avait le choix entre l'allemand et les travaux manuels. Il est important d'apprendre une langue.

3. Le français, ça vous intéresse ?
   – Oui, ça m'attire beaucoup. Je crois être doué pour ça.

4. Pourquoi est-ce qu'on étudie les langues vivantes ?
   – Parce qu'on doit savoir parler au moins deux langues pour obtenir un bon emploi et pour mieux communiquer avec nos partenaires européens. Après tout, nous faisons la plupart de notre commerce avec l'UE.

5. Y a-t-il d'autres raisons pour étudier une langue étrangère ?
   – Oui, certes. Cela aide pour pouvoir voyager. Il faut savoir se débrouiller quand on se trouve dans un pays étranger. Qui plus est, il y a de plus en plus d'emplois dans le domaine du tourisme.

6. Comment trouvez-vous la grammaire française ?
   – Je la trouve assez difficile. Il faut que je me rattrape constamment. Cependant, je pense que la grammaire française est plus facile que celle de l'allemand.

7. Quelle est la meilleure façon d'apprendre une langue ?
   – Selon moi, il faut qu'on aille dans le pays d'origine et qu'on y reste pendant deux ans.

8. Avez-vous des projets pour aller à l'étranger ?
   – Oui. J'ai envie d'aller en France pour travailler comme cuisinier.

9. Pourquoi la France dans ce cas ?
   – Parce que c'est le centre de la haute cuisine. Tous les meilleurs chefs ont étudié en France. De plus, les cartes des restaurants sont écrites en français.

10. Est-ce que vous vous exercez à parler français en classe ?
    – Bien sûr. Le prof nous divise en groupes et nous parlons tous français.

Vocabulary

en sixième 1st year in France as the French operate in reverse order
Est-ce que vous vous exercer à Do you practice

SUBJECT (G): LA MUSIQUE

1. Écoutez-vous de la musique ?
   – Ah oui ! C'est mon passe-temps favori. J'écoute toutes sortes de musique; telles que le jazz, le rock et ainsi de suite.

2. Est-ce que vous jouez d'un instrument ?
   – Oui, je joue de la batterie. Une fois, nos voisins se sont plaints à mes parents qui m'ont dit de jouer plus doucement. C'est difficile avec la batterie !

3. Vous exercez-vous beaucoup ?
– Bien entendu. Je joue pendant au moins huit heures par semaine, dont deux heures chez mon copain. Nous avons formé un groupe.

4. Très bien ! Vous avez beaucoup de succès ? Vous donnez des représentations dans des discothèques, des boums ?
– Pas vraiment. En fait, pas du tout parce que nous ne sommes pas formidables ! On fait des efforts. Cependant, on s'amuse.

5. Depuis quand êtes-vous batteur ? Quand est-ce que vous avez commencé à jouer de la batterie ?
– J'ai commencé à prendre des cours à l'âge de quatorze ans. J'apprenais à jouer du piano à l'école depuis trois ans, mais ça m'ennuyait. D'ailleurs, le piano exige plus d'adresse. Je l'ai trouvé trop difficile.

6. Avez-vous une chaîne hi-fi chez vous ?
– Oui, j'ai aussi un ordinateur pour télécharger ma musique. Il faut payer la musique. En partant pour l'école, je mets mon MP3. J'aime écouter de la musique en marchant. C'est très décontractant.

7. Est-ce qu'on permet les MP3 à l'école ?
– Non, c'est interdit. On peut vous les confisquer. C'est casse-pieds.

8. Vous faîtes une collection de disques ?
– Oui, j'ai une bonne collection de disques. Je reçois beaucoup de disques comme cadeaux depuis des années. J'achète des disques compacts avec mon argent de poche, mais ils sont très chers.

9. Est-ce que vous assistez souvent à des concerts ?
– Pas souvent. Seulement quand un supergroupe, tel que REM ou Radiohead donne une représentation. Pourtant ça coûte très cher d'aller aux concerts.

10. Êtes-vous membre de l'orchestre d'école ?
– Oui, je joue dans l'orchestre de temps en temps, quand il y a une séance.

Oral Options

PICTURE STIMULUS: PHOTO

The details in the photograph may lead into a discussion of some related theme. These sample questions refer to a photograph taken by a student while on holidays in La Baule.

Examinateur/rice :

1. Qui est dans cette photo ? C'est vous à droite ?
2. Où l'avez-vous prise ?
3. Vous y êtes allé en vacances ? Quand ?
4. Avez-vous pris le ferry ? De Cork ?
5. Avez-vous eu le mal de mer ?

THE DOCUMENT

1. Remember that the examiner will not have read or seen your document until the very moment when you produce it at the examination. This can be to your advantage because the range of questions should be limited. Imagine how difficult it is for somebody to produce questions 'out of a hat' about a document which s/he has not even read?
2. The time involved depends upon how it goes. Probably ONE MINUTE.
3. It is likely that this section of the oral examination will take place during the SECOND HALF of the test, and will be included as part of the normal conversation. Here is a sample of some questions that you may be asked:

Sample questions:

DOCUMENT:

Examinateur : Cet article est tiré de quel texte ?
Étudiant(e) : Il provient d'une revue qui s'appelle '*l'Express*'.
Exam : Lisez-vous souvent ce magazine ?
Étud : Non, ma mère l'achète une fois par mois.
Exam : Bon, alors, de quoi s'agit-il, cet article ?
Étud : Il s'agit d' un ______.

PICTURE STIMULUS:

Examinateur : Qu'est-ce qui se passe dans cette image ?
Étudiant(e):
Exam : Pourquoi avez-vous choisi cette photo / image ?
Étud : Je l'ai choisie parce que ______.
Exam :

PROJECT:

1. Quel était le but de ce projet ?
2. Est-ce que tout le monde a dû faire le projet ?
3. Quelle note avez-vous reçue ?
4. Avez-vous gagné un prix ?
5. Pourquoi avez-vous choisi ce projet ?
6. Est-ce que vous avez utilisé un traitement de texte ?

Vocabulary

il provient	it comes from
De quoi s'agit-il ?	What's it about?
Il s'agit de . . .	It's about . . .
Qu'est-ce qui se passe . . . ?	What's happening . . .?
Je l'ai choisi(e) . . .	I chose it (remember to include pronouns) . . .

Section 2 – Grammar Revision

Terminology

A. TERMINOLOGY

1. *le nom, le substantif* = the noun; thing, place or person, e.g., ***le stylo, la fille, la voiture***
2. *l'objet* = direct object e.g. *J'ai donné les fleurs* I gave the flowers
3. *le sujet* = subject e.g. *Le facteur est arrivé* The postman arrived
4. *le complément* = indirect object, e.g. *J'ai donné les fleurs à ma mère.* I gave the flowers to my mother.

B. LES ADJECTIFS

1. *l'adjectif* = adjective (word which describes a noun), e.g., *le ciel* ***bleu****, la ville* ***surpeuplée****, une rue* ***étroite****.*
2. *l'adjectif possessif* = possessive adjective my, your, etc., e.g. *mon frère*
3. *l'adjectif interrogatif* = interrogative adjective, e.g. *Quels romans lisez-vous ?* What books . . . ?
4. *l'accord des adjectifs* = agreement of adjectives, i.e. masculine, feminine and plural (*elle est fatiguée; ils sont grands*).

C. LES PRONOMS

1. *le pronom* = pronoun, e.g. I'm speaking **to him**. *Je* ***lui*** *parle*
2. *le pronom personnel* = personal pronoun, e.g. **I** speak German *Je parle allemand*
3. *le pronom possessif* = possessive pronoun, e.g. mine *Il a perdu son argent et j'ai trouvé le mien*
4. *le pronom interrogatif* = interrogative pronoun e.g. Who? *Qui a téléphoné ?*
5. *le pronom relatif* = relative pronoun, e.g. that, which *Où est la valise que j'ai laissée ici ?*
6. *le pronom réfléchi* = reflexive pronoun e.g. herself (when action is done to oneself) *Elle se dépêche*
7. *le pronom démonstratif* = demonstrative pronoun e.g. the one which . . . *Celle que vous voyez*

D. LES VERBES

1. *le verbe transitif* = transitive verb, i.e. one that takes a direct object (without a preposition), e.g.: *j'écris une lettre, il mange un gâteau, nous regardons la télé.*

2. *le verbe intransitif* = intransitive verb, i.e., one that takes an indirect object (with a preposition), e.g.: *j'arrive à Lille* ; *elle vient d'Espagne.*

3. *l'infinitif* = infinitive (the name / title of the verb or the verb as you find it in the dictionary), e.g.: *aller, donner, recevoir, écrire, trouver*, etc.

4. *le verbe impersonel* = impersonal verb (a verb which has no person, such as I, you, we, etc. There is only 'it' *il*), e.g.: *il pleut* it's raining; *il faut que* it's necessary that; *il est temps que* it's time that.

5. *le verbe pronominal* = reflexive verb (the action reflects back on the subject, i.e., the action of the verb is done to the subject), e.g.: *la voiture s'arrête* the car stops (car stops itself); *je me dépêche* I hurry (I hurry myself).

E. TENSES AND MOODS

1. ***l'Indicatif Présent*** = Present tense (is, are doing), e.g.:
   J'attends = I'm waiting
   elle va = she's going

2. ***le Futur Simple*** = Future tense (will), e.g.:
   On (y) sera à temps. We'll be on time.
   Ils iront en ville. They will be going into town.

3. ***le Conditionnel*** = Conditional (would), e.g.:
   Que voudriez-vous ? What would you like?
   Je voudrais un café. I'd like a coffee.
   Ça serait mieux. It would be better.

4. ***le Passé Composé*** = Perfect tense (have done), e.g.:
   tu as écrit you have written
   elles sont arrivées they arrived

5. ***l'Imparfait*** = Imperfect tense (was, were doing / used to do), e.g.:
   quand j'étais jeune when I was young
   Ils écoutaient la radio. They were listening to the radio.

6. ***l'Impératif*** = Imperative (giving orders), e.g.:
   Ouvrez vos cahiers ! Open your copies!
   Attends un instant ! Wait a moment!
   Allons ! Let's go!

7. ***le Passé Simple*** = Past Definite (I did; he saw; we went; they said), e.g.:
   je fus I was
   il vint he came

8. ***le Plus-que-parfait*** = Pluperfect (had done), e.g.:
   On avait écrit la lettre. We had written the letter.
   Je lui avais dit. I had told him.

9. ***le Subjonctif*** = subjunctive ('in English that I may/might' – depends on preceeding verb), e.g.:
Il faut que *nous* ***partions***. We have to leave (it is necessary that we leave).
Quoiqu'il soit *malade, il travaille toujours.* Though he is sick, he's still working.

10. ***le Subjonctif au Passé Composé*** = Perfect Subjunctive, e.g.:
Je doute qu'il ait menti. I doubt that he lied
jusqu'à ce que *nous* ***soyons arrivés*** until we arrived

11. ***le participe présent*** = present participle (not a verb, just – doing; going; having; being), e.g.:
En lisant mon livre, j'ai pris des notes. While reading my book, I took some notes.

12. ***le participe passé*** = past participle (not a verb, just – done; gone; had; been), e.g.:
j'ai étudié I have <u>studied</u>
elle est sortie she has <u>gone</u> out

13. ***la voix passive / le passif*** = the passive voice (the subject is passive, i.e., the action is done to it), e.g.:
il est aimé he is liked
la lettre est écrite the letter is written
la tente a été dressée the tent was put up (pitched)

F. LES ARTICLES

1. ***l'article défini*** = definite article (**the**), e.g.:
le roman, la Fac, les amis.

2. ***l'article indéfinit*** = indefinite article (**a**), e.g.:
un vélo, une maison, des copains.

3. ***l'article partitif*** = partitive article (**of the, some**), e.g.:
le fils de l'agent the policeman's son (the son of the policeman)
Je vais boire du lait. I'm going to drink some milk.

G. MISCELLANEOUS

1. ***l'adverbe*** = adverb (a word which describes a verb), e.g.:
il court ***lentement*** he runs slowly
tout d'un coup*, il y a eu un bruit* suddenly, there was a noise
j'ai ***bien*** *dormi* I slept well

2. ***le comparatif*** = comparative, e.g.:
plus étroit que narrower than
moins cher que cheaper than
aussi grand que as tall as

3. ***le superlatif*** = superlative, e.g.:
le plus étroit the narrowest
le moins cher the cheapest

4. ***la phrase*** = sentence, e.g.:
je fais mon lit I make my bed.

La Grammaire

1. *ON*

This is a very useful and popular word, which must be practised orally and in writing. It represents 'one, we, you, they, people'. One advantage of it is that it avoids having to use different parts of the verb, such as *nous, vous, ils,* etc. You only use the 3rd person singular. *On* is widely exploited by the French. In the UK and Ireland, it is considered 'posh' and pretentious to say: 'One shouldn't be without a credit card'. In fact, in French, it is quite normal to say *on* for one. Look at these examples:

What do you do in school? *Que fait-**on** à l'école ?*
They speak English here. ***On** parle anglais ici.*
People say that he is right. ***On** dit qu'il a raison.*
Well, did you win the match? *Alors, **on** a gagné le match ?*
No, we lost! *Non, **on** a perdu !*

Remember: ***On*** is a subject *un sujet* — not an object *un objet* ! ***On*** does the action of the verb.

On can be used instead of the passive (where the action is done to the subject):

All windows have been opened. ***On** a ouvert toutes les fenêtres.*

The thief was arrested. ***On** a arrêté le voleur.*

NOTE: we do not know who 'opened the windows' or who 'arrested the thief'. The **real** subject is **not** mentioned. Hence, the use of ***on***.

The possessive equivalent of ***on*** is *son.* Therefore:
***On** perd **son** temps.* They are wasting their time.

The reflexive of ***on*** is *se.* Hence:
*En Allemagne on **se** lève très tôt.* In Germany, people get up very early.

2. *MIEUX* AND *MEILLEUR(E)*

The difference between these two words (they both mean 'better') is that *mieux* is an adverb which describes a verb; and *meilleur* is an adjective which describes a noun:

- *J'étais malade, mais maintenant je vais* ***mieux****.* (*Vais* is a verb; *mieux* describes how 'I am feeling')
- *Everton est une bonne équipe, mais Liverpool est une* ***meilleure*** *équipe.* (*Meilleure* describes the noun which is the Liverpool team.)

NOTE that, as *meilleur* is an adjective, it agrees with *équipe.* Adverbs like *mieux* never agree.

Before doing the following exercise, it is worth revising *bon / bien.*

(1) *Bon* is an adjective which agrees with the noun. It means 'good':
C'est une bonne idée. It's a good idea.
J'ai beaucoup de bons amis. I have a lot of good friends.

(2) *Bien* is an adverb which describes a verb, and never agrees with any word. It means 'well':
L'équipe de Spurs a bien joué hier soir. Spurs played well yesterday.
Vous travaillez très bien. You are working very well.

Exercise:

(i) Je parle (well) italien mais je parle (better) allemand.
(ii) Louis est un (good) étudiant mais Frédéric travaille (better).
(iii) Ma voiture roule (better) que les autres parce que c'est (the best).
(iv) L'équipe de l'Angleterre a de (good) footballeurs qui jouent (well), mais les Allemands jouent (the best).
(v) Mon (best) ami habite près de chez moi.
(vi) Son idée est (good) mais j'aime (best) ton idée. Je crois que c'est la (best) idée.

3. *N'IMPORTE* NO MATTER

This little phrase can give you several useful expressions for oral purposes as well as for writing opinions. They involve the English equivalent of 'anything, anywhere', etc. They include:

(a) *Téléphone-moi* **n'importe quand**. Ring me anytime (literally: no matter when).
(b) *Il boit* **n'import quoi**. He drinks anything.
(c) *Posez-les* **n'importe où**. Put them down anywhere.
(d) *Parlez à* **n'importe qui**. Talk to anyone.
(e) *Raconte-moi* **n'importe quelle** histoire. Tell me any story.
(f) *J'ai acheté des livres. Prenez* **n'importe lequel**. I bought some books. Take any one.

Exercise:

(i) Come any time.
(ii) Anyone can see that it's a lie.
(iii) I got some cans of coke. Take any one.
(iv) He reads all the time. He'll read anything.
(v) Read any newspaper you want.
(vi) Go into any shop.
(vii) We'll go there anyhow.

4. LE DISCOURS INDIRECT

This is important for note writing in particular, but also for comprehension and opinion questions. It has to do with reporting something that was said some time before. The same tense changes take place in both languages:

(a) The **Present** tense becomes the **Imperfect**:
Direct: *'Je **suis** fâché', a-t-elle dit.*
Indirect: *Elle a dit qu'elle **était** fâché.*

(b) The **Passé Composé** becomes the **Pluperfect**:
Direct: *'Nous **avons lavé** la voiture', ont-ils dit.*
Indirect: *Ils ont dit qu'ils **avaient lavé** la voiture.*

(c) The **Future** becomes the **Conditional**:
Direct: *'Je **rendrai** le livre demain', a-t-elle repondu.*
Indirect: *Elle a repondu qu'elle **rendrait** le livre demain.*

5. *DEPUIS, IL Y A* AND *VOILÀ*

As explained in the Junior Certificate Revision Book, *depuis* with the present tense signifies that the action took place in the **past**, and is *still going on* in the *present.* It means that you have been doing something for a certain time. *Depuis* means 'for' or 'since'.

*Je **lis** ce livre **depuis** la semaine dernière.* I **have been reading** this book **since** last week (and I am still reading it).

If, however, the action had been going on in the **past**, and is not still going on in the present, then you use the **imperfect**:

*Je **lisais** le livre **depuis** deux semaines, et je l'ai rendu à la bibliothèque.* **I had been reading** the book **for** two weeks, and I gave it back to the library (the action of reading is over).

Now, there is another way of expressing this point:

***Voilà** deux semaines **que** je lis ce livre.*

or

***Il y a** deux semaines **que** je lis ce livre.*

(Both mean: I have been reading this book for two weeks.)

To say: 'I had been reading . . . ', simply put *il y a* into the Imperfect tense:

***Il y avait** deux semaines **que** je lisais ce livre.*
***Il y avait** déjà une heure **que** j'étais là.*
I had already been there for an hour.

NOTE: The question which leads into this answer is usually:

'How long have you been . . . ?'

In French, it is translated as:

'Depuis quand . . . ?' (literally: 'Since when . . . ?')

or

'Depuis combien de temps . . . . ?' (literally: 'Since how much time . . . . ?')

Example:

1. How long have you been writing poems?
   Depuis quand écrivez-vous des poèmes ?
2. I've been writing them (a) for seven years, (b) since I was seven.
   Je les écris (a) *depuis sept ans,* (b) *depuis que j'avais sept ans.*

(Note the inclusion of *que* with *depuis* when 'since' is followed by a verb).

Exercise:

(i) We had been talking for an hour when Thomas showed up.
(ii) How long has she been waiting here?
(iii) She's been waiting for two hours.
(iv) How long have you been living in Waterford?
(v) I've been living here for ten years.
(vi) We've been living here since we were teenagers.

6. EXPRESSIONS OF QUANTITY: (E.G. *BEAUCOUP DE*)

A very frequent mistake made by Leaving Cert. students, even by the best ones, has to do with the **expressions of quantity**. These expressions relate to those which express an amount of something, that is:

a kilo of	*un kilo de*
a pound of	*une livre de*
a box of	*une boîte de*

a packet of	*un paquet de*
a bottle of	*une bouteille de*
a can of	*une boîte de*
a cup of	*une tasse de*
a little	*un peu de*
a lot, much	*beaucoup de*
how much?	*combien de ?*
enough	*assez de*
too much	*trop de*
more	*plus de*

Can you identify the common link among these expressions in the following examples?

1. *Donnez-moi un peu de fromage, s'il vous plaît.*
2. *J'ai passé beaucoup de temps à jouer aux échecs.*
3. *Combien de pièces as-tu, Alain ?*
   Il me faut téléphoner.
4. *Il veut acheter une boîte d'allumettes et une bouteille de vin.*

Yes, they all use *de* whether or not the nouns are masculine, feminine or plural!

This point is so easily forgotten. Now try these sentences . . . (Careful, they are not all straightforward expressions of quantity with *de*):

(i) When I'm thirsty, I drink water.
(ii) I'd like a pound of steak and some mince, please.
(iii) Would you like a cup of coffee? – Yes, thanks, and a spoonful (*cuillerée*) of sugar, please.
(iv) How many pupils are there in your school? – I don't know, but we have a lot of students here.
(v) I need too many points to get into university.
(vi) I'm going to eat more vegetables in future. I'll eat peas, carrots, cabbage and broccoli.
(vii) There is too much traffic in my area, and not enough buses.
(viii) Give me a little time and it will be ready.

In addition to this section, it must be mentioned that there are other times when *de* alone is used:

- when the verb is **negative**:
  As-tu des frères, Anne ? – Non, je n'ai pas **de** *frères.*
- when, in the plural, the **adjective goes before the noun**:
  Paul a des idées. – Oui, il a **de** *bonnes idées.*

Exercise:

(i) Look, there are some old cars over there.
(ii) Have you any change? – No, I don't have any change.
(iii) At the bookshop, I bought some new novels and some magazines.
(iv) I have no more time.

7. LE PARTICIPE PRÉSENT: (IN ENGLISH, IT REPRESENTS THE '-ING' PART OF A VERB)

A. You have experience of the past participle (do not be put off by these terms) 'done, chosen, gone,' and so on. The present participle is 'doing, choosing, going, etc,'. But participles do not by themselves act as verbs in the indicative mood. Therefore, they cannot by themselves make sentences. Let's look at some examples:

She didn't go to school, having the flu.
Being well off, they went abroad on holidays.
Laughing out loud, he disturbed the silence.
Crying, she continued the story.

NOTE: In each of these examples, the present participles 'having, being, laughing, crying' do not have 'is' or 'are' as in 'he is laughing, she is crying'. Thus, they are not verbs in the Present Indicative!

B. Form

To find the present participle of a verb is not difficult – there are only three exceptions!

Get the 1st Person Plural (Present Tense) of any verb – *nous écoutons, nous disons, nous faisons . . .*

Remove *nous* of course, and the ending *-ons*; then add the ending *-ant*, e.g.:

écoutant	listening
disant	saying
faisant	doing
lisant	reading

What are the three exceptions? As usual, they include *avoir* and *être*, and also *savoir*. They become:

avoir	***ayant***
être	***étant***
savoir	***sachant***

Now we can try our examples above:

(i) ***Ayant*** *la grippe, elle n'est pas allée à l'école.*
(ii) ***Étant*** *bien aisés, ils sont partis à l'étranger.*
(iii) ***Riant*** *à toute voix, il a interrompu le silence.*
(iv) ***Pleurant****, elle a continué l'histoire.*

C. IMPORTANT NOTE: The present participle does not agree with the subject, except when the participle acts as an adjective:

1. (a) We had running water in our room. *Nous avions de l'eau* ***courante*** *dans notre chambre.*

   but

   (b) The water, running quickly, drenched the carpet. *L'eau,* ***courant*** *rapidement, a trempé la moquette.*

   In (a), *courante* describes the 'water' in the same sense as 'cool, warm, etc.,' so it must agree with *eau*; whereas in (b), *courant* describes what the water is doing. When a word describes a verb, it has the status of an adverb, like 'slowly', 'easily', etc. Thus it does not agree.

2. (a) *La femme* ***mourante*** *a chuchoté dans mon oreille.* The dying woman whispered in my ear.

   (b) *La femme,* ***mourant*** *dans mes bras, a chuchoté dans mon oreille.* The woman, dying in my arms, whispered in my ears.

NOTE: *un film amusant* ; *une histoire passionnante* ; *de la puissance suffisante* ; *une place importante* ; *répondez aux questions suivantes* ; *le voyage fatigant.*

D. Used with 'EN'

It means: while, by, in, on doing something, e.g.:

1. *J'ai perdu mes clés en jouant au foot.* I lost my keys while playing soccer.
2. *On réussit en travaillant dur.* You succeed by working hard.
3. *En rentrant, j'ai rencontré Gérard.* On returning, I met Gerard.
4. *J'ai appris à me concentrer en lisant.* I learned to concentrate by reading.

E. Le verbe pronominal

1. *Nous causions en nous promenant.* We chatted while walking.
2. *Il chantait en se lavant.* He sang while washing.
3. *Je prenais mon petit déjeuner en me dépêchant.* I had my breakfast while hurrying.
4. *Elle lisait en se reposant.* She read while resting.

F. 'Tout'

This is used to emphasise that two actions are happening at the same time:

1. *Elle écoutait son iPod tout en courant.* She was listening to her iPod while running.
2. *Nous prenions des notes tout en écoutant.* We took notes while listening.

G. With verbs of 'seeing, hearing,' that is, the senses, the present participle is not used. Instead, we use the infinitive or 'qui' plus the verb. Therefore:

1. *Je les entends arriver* (or: *qui arrive*). I **hear** them arriving.
2. *Il nous a vus faire du jardinage.* He **saw** us gardening.

H. Infinitifs

Sometimes the infinitive is preferred instead of the present participle:

1. I like fishing. *J'aime* ***pêcher.*** (Not: *J'aime pêchant*)
2. I prefer walking. *Je préfère marcher/me promener.*

I. Prepositions

ALL prepositions take the infinitive, even if the verb ends in '-ing'. ***En*** is the only one that requires the present participle:

1. *Un ouvre-boîte sert à ouvrir les boîtes.* A tin opener is used for opening tins.
2. *Je pense à faire un stage.* I'm thinking about doing a course.
3. *Tu passes trop de temps à jouer du piano.* You spend too much time playing the piano.

* **No indefinite article (*une*) used in French for 'occupations'.**

Exercise:

(i) They were talking about the party while playing chess.
(ii) I can't listen to the CD player (un lecteur CD) while I'm studying.
(iii) Do you hear Tina Turner singing on the radio?
(iv) No, but I saw her performing at the Point Depot.
(v) We spend a lot of time reading.
(vi) Knowing that drugs affect (*toucher / nuire à*) your brain, I refused them.
(vii) Word processing (*le traitement de texte*) is a very good way of writing an essay.
(viii) Let's go to Mark's house instead of going to the party.

8. VERBS WITH PREPOSITIONS

The question always asked is: 'How do we know which preposition to use with which verb?' There is a list that can be learned off, but it would be better to learn them in examples, and to practise them.

*A. Here are the more common verbs that take **à** before the noun or infinitive:*

1. ***Commencer à :*** *Il a commencé à pleuvoir.*
   Se mettre à : *L'enfant s'est mis à jouer.*
2. ***Jouer à (playing games) :*** *Je joue au foot.*
3. ***Répondre à :*** *Répondez à la question, s'il vous plaît.*
4. ***Nuire à :*** *Le tabac nuit à la santé.*
5. ***Assister à :*** *Nous avons assisté à une pièce du théâtre hier soir.*
6. ***S'intéresser à :*** *Je m'intéresse à la lecture.*
7. ***Réussir à :*** *Si je réussis à mon bac, je poursuivrai mes études à la Fac.*

NOTE: most of these verbs do not use the preposition 'to' in English. This is the difficult part, because people do not expect a preposition, but the French use one.

B. *In the next list, we have a group of verbs which have prepositions in English but not in French*

attendre to wait for
chercher to look for
payer to pay for
demander to ask for
. . . these verbs, do not translate 'for'.

écouter to listen to
regarder to look at
. . . these verbs, do not translate 'to', 'at'.

habiter to live in
. . . 'in' is often included in the verb.

1. To look for *chercher: Je cherche mon billet. Où est-il ?*
2. To pay for *payer: Moi, je paye (also: je paie) les places.*
3. To ask for *demander: Demandez-lui l'heure.*
4. To wait for *attendre: Il attend le train de sept heures.*
5. To look at *regarder: Nous regardons la télé ce soir.*
6. To listen to *écouter: Qu'est-ce que tu fais ? J'écoute mon baladeur.*
7. To live in *habiter: Elle habite une maison en banlieue.*

More examples:

(i) *J'attends l'autobus.* I'm waiting for the bus.
(ii) *Avez-vous payé les billets du concert ?* Have you paid for the concert tickets?
(iii) *J'aime écouter la radio.* I like listening to the radio.
(iv) *Elle a demandé de l'argent.* She asked for some money.
(v) *Je regardais la télé.* I was looking at the television.
(vi) *Bien des jeunes cherchent un emploi.* Many young people are looking for a job.
(vii) *J'habite Thurles depuis dix ans.* I've been living in Thurles for ten years.

In the above examples, the French don't bother with the English prepositions 'in', 'at' and 'for'. However, this does not apply to every verb with 'in', 'at', 'for'.

C. *There are many verbs which take a preposition before the next verb, which then, in turn, becomes the infinitive*

(a) Here is a list of the most common verbs that take *à*:
1. *Aider à* to help: *J'aide ma mère à passer l'aspirateur.*
2. *Apprendre à* to learn: *J'apprends à jouer de la guitare.*
3. *Commencer à* to begin to: *Il commence à pleuvoir.*
4. *S'habituer à* to get used to: *On s'habitue à voyager.*
5. *Inviter à* to invite to: *On m'a invité à rester.*
6. *Réussir à* to succeed in: *Marie a réussi à gagner la médaille d'or.*

(b) Here is a list of those verbs which take *de* before the infinitive:

1. *Cesser de* to stop, cease: *Il a cessé de fumer.*
2. *Décider de* to decide to: *Nous avons décidé de partir de bonne heure.*
3. *Essayer de* to try to: *Il a essayé d'attraper le voleur.*
4. *Menacer de* to threaten to: *L'assassin a menacé de tuer le temoin.*
5. *Mériter de* to deserve to: *Tu mérites d'aller à la Fac.*
6. *Oublier de* to forget to: *J'ai oublié de mettre ta carte à la poste.*

D. There is also a more complicated list of verbs which take à before the object, and de before the infinitive. These verbs are associated with verbs of communication, that is, 'asking', 'advising', 'telling', 'allowing', etc.:

Dire à *quelqu'un* **de** *faire quelque chose* to tell someone to do something, e.g.:
J'ai dit à l'électricien de passer chez nous plus tard.
I told the electrician to call later.

Conseiller à *quelqu'un* **de** *faire quelque chose* to advise someone to do something, e.g.:
La police a conseillé aux gens de s'éloigner.
The police advised the people to stay away.

Défendre / Interdire à *quelqu'un* **de** *faire quelque chose* to forbid someone to do something, e.g.:
Le père de Sean lui a défendu / interdit de fumer.
Sean's father forbade him to smoke.

Demander à *quelqu'un* **de** *faire quelque chose* to ask someone to do something, e.g.:
Ma copine m'a demandé de l'accompagner en Finlande.
My friend asked me to go to Finland with her.

Ordonner à *quelqu'un* **de** *faire quelque chose* to order someone to do something, e.g.:
La mère a ordonné à son enfant de se coucher.
The mother ordered her child to go to bed.

Permettre à *quelqu'un* **de** *faire quelque chose* to allow / let / enable someone to do something, e.g.:
Mon travail a permis à ma famille de voyager l'an dernier.
My job enabled my family to travel last year.

NOTE: when *à* comes before an object pronoun, i.e. him, her, them, then *à* combines with them to become *lui* (to him/her) and *leur* (to them).

Exercise:

(i) I will ask my friend to drop in today.
(ii) Frank advised his neighbour to visit the new art gallery.
(iii) We advised everyone to buy this CD.

(iv) Monsieur Dantes let his son go out to the disco.
(v) Ask Antoine to lend you his book.
(vi) Tell Michael to write / to phone me.
(vii) My father ordered me to put away (*ranger*) my DVDs.
(viii) Our boss forbids us to leave before five o'clock.
(ix) Our guidance counsellor advised Denis to do Sciences.
(x) She told them to hurry.

It is important to get good practice at these verbs because they are so widely used and contain those tricky prepositions:

(i) M. Forestier forbids his children to smoke.
(ii) 545 points would enable me to get into Medicine.
(iii) Ask the clerk to give you a form.
(iv) I told her to answer the question.
(v) My parents allowed me to stay out late.
(vi) The politicians advised the unions not to strike.

Now, putting them all together, try these exercises:

(a) Remplacez les tirets avec la preposition qui convient (s'il en est besoin)

(i) J'écoute ____ les CD.
(ii) Regardez____ sa voiture neuve.
(iii) L'avion est parti ____ Shannon à dix heures.
(iv) Ma mère nous a conseillé ____ prendre garde des étrangers.
(v) Ne t'inquiète pas. Je paie ____ les friandises.
(vi) Que fais-tu ? Je cherche ____ ma montre.
(vii) Ça alors ! Je ne peux pas répondre ____ question, madame.
(viii) Permettez-moi ____ me présenter.
(ix) Il demande ____ l'agent où se trouve la mairie.
(x) Le gouvernement a promis ____ électeurs.
(xi) J'ai raconté l'histoire ____ classe.
(xii) Les refugiés ont essayé ____ échapper ____ camp.

(b) Traduisez les phrases suivantes

(i) They are waiting for the bus.
(ii) Ask the lads to bring their CDs on Saturday.
(iii) Who's paying for the damage?
(iv) Ask them for the time. My watch is slow.
(v) She's leaving Limerick on Friday.
(vi) She advised me to study Information Technology.
(vii) I can play the piano.
(viii) Do you help your parents to do the housework?

9. LE PASSÉ SIMPLE (SIMPLE PAST TENSE)

This tense has to be learned mainly from the point of view of recognising it in comprehensions. It is chiefly a literary tense – it is not used in conversation or letter writing – so that's a relief! You come across it in literature, journalism and narrative. In English, the Passé Simple translates as the simple past tense, for example, 'I did', 'he saw', 'we went', 'they sold', etc.

Students would have had experience, up to now, of the Perfect (Passé Composé), Imperfect and Pluperfect tenses, that is, 'have done', 'was doing', 'had done' respectively. The Passé Simple expresses 'I did', and replaces the Passé Composé in the three forms already mentioned; literature, journalism and narrative.

The Passé Simple has to do with actions which occurred in the past. It has a similar time span in the past as the Passé Composé; as though you were being asked the question: 'What happened next?' It replaces the Passé Composé in a narrative.

Now we will look at the formation of the Passé Simple. The endings for the regular verbs are as follows:

-er verbs Regarder	-ir verbs Chosir	-re verbs Attendre
je regard**ai** (I watched)	je chois**is** (I chose)	j'attend**is** (I waited)
tu regard**as**	tu chois**is**	tu attend**is**
il/elle regard**a**	il/elle chois**it**	il/elle attend**it**
nous regard**âmes**	nous chois**îmes**	nous attend**îmes**
vous regard**âtes**	vous chois**îtes**	vous attend**îtes**
ils/elles regard**èrent**	ils/elles chois**irent**	ils/elles attend**irent**

NOTE: the endings of the **-ir** and **-re** verbs are the same. Note also other similarities. For example, the *avoir* endings for the first three persons singular of the **-er** verbs. Then the predominance of the letter 'a' throughout the verb.

Furthermore, the endings of the **-ir** and **-re** verbs are very like the present tense endings of the same types of verbs – in the 1st, 2nd and 3rd persons singular. Then there is the continuation of the letter 'i' throughout the verb.

When you are aware of these patterns, then the learning of these, and other verbs, becomes easier.

There is still the third category of verbs – the **-oir** verbs. These are all **exceptions**. Their formation often comes from the past participle of the verb, e.g.: **Recevoir** to receive (past participle: *reçu*)

je reç**us** (I received, I got)
tu reç**us**
il/elle reç**ut**

nous reç**ûmes**
vous reç**ûtes**
ils/elles reç**urent**

NOTE: the frequency of the letter 'u' in this verb. At this stage, the patterns of the plural persons should be clear.

Learn also, the following popular exceptions;

boire (past participle: bu) ➛ je bus, tu bus, il but, etc.
vouloir (voulu) ➛ je voulus
connaitre (connu) ➛ je connus
pouvoir (pu) ➛ je pus
devoir (du) ➛ je dus
mettre (mis) ➛ je mis

écrire ➛ j'écrivis
faire ➛ je fis
naitre ➛ je naquis
vaincre ➛ je vainquis
ouvrir ➛ j'ouvris
voir ➛ je vis

NOTE ESPECIALLY:

Avoir	**Être**	**Venir**
j'eus (I had)	je fus (I was)	je vins (I came)
tu eus	tu fus	tu vins
il/elle eut	il/elle fut	il/elle vint
nous eûmes	nous fûmes	nous vînmes
vous eûtes	vous fûtes	vous vîntes
ils/elles eurent	ils/elles furent	ils/elles vinrent

It is time to look at the practice of this tense:

Je commençai par une excursion en Italie. Le soleil me fit du bien. Pendant six mois, j'errai de Gênes à Venise . . . Puis je parcourus la Sicile, terre admirable par sa nature et ses monuments, reliques laissées par les Grecs et les Normands. Je passai en Afrique, je traversai ce grand desert jaune et calme, où errent des chameaux.

(Maupassant).

10. QUI, QUE (PRONOM RELATIF)

They both mean 'which' and 'that', as well as 'who/whom'. Students frequently confuse them:

(i) *J'ai envoyé la lettre* ***qui*** *était sur la table.* I sent the letter **which** was on the table.
(ii) *J'ai envoyé la lettre* ***que*** *tu as écrite.* I sent the letter **which** you wrote.

Take note that **qui** refers to the subject (the noun that does the action of the verb. In example (i), *la lettre* is the subject of *était*). **Que** refers to the object of the sentence (the noun that suffers the action of the verb. In example (ii), *la lettre* is the object, because it was 'written'). Now there are two ways of knowing when to use ***QUI / QUE***:

A. Take two more examples

1. *Voilà l'athlète ____ a gagné la médaille d'or !* Here is the athlete who won the gold medal!

2. *As-tu le roman ____ je t'ai prêté ?* Have you got the novel that I lent you?

The two gaps obviously represent the relative pronouns. Now, you ask yourself: has the verb *a gagné* got a subject before it? No, it hasn't. So put one in – ***qui***. In the second example, has the verb *ai prêté* got a subject before it? Yes, it has. It is *je*. So don't put another one in there. Use the object ***que***. Hence:

1. *Voilà l'athlète* ***qui*** *a gagné la médaille d'or* !
2. *As-tu le roman* ***que*** *je t'ai prêté* ?

B. The second method of deciding which pronoun to use is less obvious

In example (1.), it is the athlete who won the gold medal. Now, since ***qui*** stands in for the subject (and 'athlete' is the subject because s/he did the action of 'winning'), then only ***qui*** can go before *a gagné*.

Similarly with ***que***, which replaces the object only. In example (2.), 'Have you got the novel that I lent you?, the 'novel' is the object, because it was 'lent'. Since ***que*** stands in for the object (and *roman* is the object), then ***que*** must replace *roman*.

Remember also that there is a slight difference in English between ***qui / que***:

qui = who, that, which ***que*** = whom, that, which

Only *que* can lose the *e* before a vowel: ***qu'****il*, ***qu'****elle*, etc.
Qui never loses the vowel *i*: ***Qui*** *êtes-vous* ?

Not an easy concept, so get some practice.

(i) Quel est le nom du film ____ tu as vu hier ?
(ii) Lineker est le joueur ____ j'aime le plus.
(iii) Je suis entré dans la pièce ____ se trouvait en face de la cuisine.
(iv) Où sont les cadeaux ____ je viens d'acheter ?

(v) Je vois le chemin ____ mène à la ville.
(vi) Ils sont descendus dans un hôtel ____ donne sur la mer.
(vii) La Suisse est le plus beau pays ____ nous connaissions (subjunctive after superlative, cf. Subjunctive).
(viii) C'est Joanna ____ m'a raconté l'histoire.

This time, somewhat harder; translate:

NOTE: **Remember that when the direct object pronoun – *que* – comes before the verb in the Passé Composé the past participle agrees with it.**

(i) The pupil who won first prize, received a tracksuit.
(ii) The novel, which he is reading, is very funny.
(iii) The car you see is mine. (Be careful with the English usage of leaving out the words 'that, which'. So you must appreciate the French way of doing things: 'The car **that** you see . . .).
(iv) Blackburn is the team I like least.
(v) The Olympic Games, which are held every four years, and which I enjoy (*apprécier*), will probably never take place in Ireland.
(vi) Aids (*le SIDA*) is a disease which threatens (*menacer*) millions of people.

Finally, do not confuse ***que*** as a pronoun with ***que*** as a conjunction. A conjunction joins two clauses to make one sentence; so there is usually two verbs in the whole sentence when using ***que***:

J'espère **que** *vous avez raison.* I hope that you are right.

Here, there is no question of subjects or objects. ***Que*** merely **links** two verbs – 'hope' and 'are'. ***Que*** is a conjunction in this case.

11. DONT (PRONOM RELATIF)

This can be a difficult pronoun, and one which students seldom use – or know how to use. *Dont* is in the same category of pronouns as *qui, que,* that is, it is a relative pronoun. *Dont* translates: 'of whom', 'of which' and 'whose', etc. It stands in for *de* plus a relative pronoun. In other words, it is like trying to say *de que,* which would not be correct. Look at these examples to explain it better.

A. DONT is used as a relative pronoun when the verb takes the preposition DE

1. *Ce sont les trucs* ***dont*** *tu as besoin.* These are the things **that** (of **which**) you need.

   Avoir besoin takes ***de***, and since you cannot get rid of a preposition as in English, ***de*** must be included somewhere. So instead of using ***que***, you have to introduce ***dont*** which makes allowance for the inclusion of ***de***.
   Also, quite commonly used is:

*L'acteur, **dont** il parle, est mort.* The actor, **whom** he talks about, has died (i.e. about whom).

2. *Voilà l'ordinateur **dont** je me sers.* That's the computer *which* I'm using.

   Although the English 'which' may seem straightforward, you have to ask yourself whether or not the verb takes a preposition. In fact, *se servir* takes ***de***. Thus, again, 'which' has to become 'of which' so as to include ***de***.

NOTE: (without any pronoun) *Je me sers de cet ordinateur.* I'm using this computer.

B. DONT is also the possessive case of the relative meaning 'whose', 'of whom'

1. *Je connais un homme **dont** le fils a gagné le gros lot.* I know a man **whose** son won the lottery. (i.e. 'the son of whom')

NOTE: here the subject of the relative clause must come immediately after *dont*. Thus, it reads: 'I know a man of whom the son won the lottery.'

2. *Mon père parlait à la femme **dont** le mari vient de mourir.* My father was speaking to the woman **whose** husband has just died. (i.e. 'the husband of whom')

Thus, it reads: 'My father was speaking to the woman of whom the husband . . .'

NOTE 1: The article *le, la, les* is not left out after *dont*: '. . . dont *le* nom . . .'

NOTE 2: DONT always stands first in its own clause; see above examples.

NOTE 3: It is difficult to translate sentences which include 'whose'; so, try to reorder the sentence to suit the French way of thinking, i.e. use 'of which, of whom' instead of 'whose':

The man, whose car broke down, walked to work.

becomes:

The man, of whom the car broke down, walked to work.

*L'homme, **dont** la voiture est tombée en panne, est allé au travail en marchant.*

NOTE 4: Other uses of *dont*:

(a) 'including'
Le tremblement de terre a fait deux cents morts, dont douze enfants.
The earthquake caused 100 deaths, including 12 children.

(b) *la façon de*
Cela depend de la façon dont il marche.
That depends on the way in which it works.

Exercise:

(i) Do you see the person I'm talking about?
(ii) The teacher, whose pupils did well, received praise [*des éloges*] from the parents.
(iii) The child, whose name appeared in the paper, won the award.
(iv) Where are the video tapes I was using? (Note: ' . . . tapes which I was . . . ')
(v) Have you found the list I need?
(vi) My neighbour, whose daughter got married last year, will visit us soon.
(vii) The floods caused thirty-five injuries, including ten serious.
(viii) I didn't like the manner (*la façon*) in which he spoke.

12. *LEQUEL* (PRONOM INTERROGATIF)

In the previous section, we saw how to say 'of which', 'of whom', but how do you say: 'with which', 'in which', 'without which', and so on?

That is where *lequel* comes in. *Lequel* is another relative pronoun like *qui, que, dont,* but is used when the relative 'which' comes after a preposition:

(i) *La feuille, sur* ***laquelle*** *j'écris, est propre.* The page, on which I'm writing, is clean (English: ' . . . which I'm writing on . . . ').

(ii) *Les questions* ***auxquelles*** *j'ai répondu étaient faciles.* The questions which I answered were easy (literally: ' . . . to which I replied . . . ')

NOTE 1: You will have noticed that there are genders, unlike *qui, que, dont,* with *lequel*:

	Masculine	**Feminine**
Singular	**lequel**	**laquelle**
Plural	**lesquels**	**lesquelles**

NOTE 2: *à* with *lequel* contracts to form *auquel.*

	Masculine	**Feminine**
Singular	**auquel**	**à laquelle**
Plural	**auxquels**	**auxquelles**

NOTE 3: It is correct to use *qui* after a preposition, instead of *lequel*, in conversation, when referring to people. For example:

L'agent, avec lequel tu parlais, est mon oncle.

can be said as:

L'agent, avec qui tu parlais, est mon oncle.

Exercise:

(i) Where is the biro that I was working with? (literally: 'with which I was . . .')
(ii) Lend me the cards you were playing with, please.
(iii) We are staying in the hotel in which they (use *on*) have a great pool.

(iv) That's the table under which you'll find the suitcase.
(v) The neighbours, for whom I bought messages, gave me two pounds.
(vi) The old man in whose house I stayed is my grandfather.
(vii) The pupils, whose principal has just retired, do not realise the privileges that they enjoy (*jouir de*).
(viii) I don't like the way that some politicians operate (*la façon de . . .*).

13. LE FUTUR LOGIQUE : (LOGICAL FUTURE)

Another tricky idea to absorb and understand is the Logical Future. In fact, you may have covered this area for the Junior Certificate. Think of the title – 'Logical' and 'Future'.

The idea is that when the main clause is in the Future, and if the minor clause starts with the words 'when' or 'as soon as', then that clause will <u>logically</u> take the Future Tense also, e.g.:

I'll phone him when I get home.
Je lui téléphonerai quand j'arriverai chez moi.

In this example, the main clause (i.e. the clause which can stand on its own and make sense) 'I'll phone him . . . ' is in the Future. The minor clause 'when I arrive . . . ' goes into the Future also, because it begins with 'when' and the main clause is the Future.

To put it another way, the 'logical' aspect of this is that 'I' cannot 'phone' anyone until '**I will arrive** home', e.g.:

As soon as they see you, they'll speak to you.
Dès qu'ils te verront, ils te parleront.

Here again, it is logical to say that 'they' can't 'speak' to anyone until such a time as they can 'see' someone.

There is one more aspect to this. If, instead of a normal main clause (i.e. subject, verb, object), you have a command, then the same rules apply, i.e. 'when as soon as' plus Future, e.g.:

As soon as you meet them, let me know.
Aussitôt que vous les rencontrerez, faites-moi savoir.

Hence, 'let me know as soon as you WILL meet them'. Thus, to summarise:

MAIN CLAUSE (FUTURE) (COMMAND)	+	AS SOON AS/WHEN (dès que, aussitôt que/ quand, lorsque)	+	MINOR CLAUSE (FUTURE)

Exercise:
Translate but be careful, not every sentence is a logical Future:
1. As soon as I get my Leaving Cert, I'll go abroad.
2. Whenever I don't bring my umbrella, it rains!

3. When I got my wages last week, I spent it all (dépenser . . . pour) on CDs.
4. When Julie rings, tell her that I have just left.
5. Let me know when she rings.
6. Each time that I go on a diet (*faire un régime*) it makes no difference.
7. If you visit New York you'll see the Statue of Liberty.
8. When he gets home we'll all go out together.

NOTE: I think that is worth noting the significance of *passer* which can have **two meanings**. *Passer* can mean either 'to spend' (as in time), or 'to pass by, call in'. Their meanings will decide whether to use *avoir* or *être*:

Examples:

(i) *Le facteur* ***est*** *passé ce matin.*
The postman called in, (dropped by) this morning.

(ii) *Les copines de Marie* ***sont*** *passées chez elle.*
Marie's friends called into her house.

(iii) *Les autos* ***sont*** *passées dans la rue.*
The cars passed by in the street.

(iv) *L'été dernier, j'ai passé mon temps à jouer au tennis.*
Last Summer, I spent my time playing tennis.

14. LE PASSIF : (THE PASSIVE)

Look at these two sentences.

The car knocks down the boy. *La voiture renverse le garçon.* (active)
The boy is knocked down by the car. *Le garçon est renversé par la voiture.* (passive)

It is often called the Active Voice when the subject of a sentence carries out the action of the verb, as it does in (i). Whereas in (ii), the subject – 'The boy' – is not doing anything – he is passive! The action **is done to** him. The boy is not active.

Try two more examples:

Paul écrit la lettre. (active)
La lettre est écrite par Paul. (passive)

Thus, you will notice that in (ii), the 'letter', which is the subject, is not doing anything, it is passive. It 'is written by Paul'. You will also perceive by now that to form the Passive, you use the verb *être* plus the past participle – in any tense:

La lettre est écrite. (is written)
La lettre a été écrite. (was written)
La lettre avait été écrite. (had been written)
La lettre sera écrite. (will be written)

NOTE: the past participle (*écrite*) agrees with the subject (*la lettre*) because you are using *être*, and also because you are describing something:

La fille est aimée de tous. The girl is liked by everyone.
La chemise a été déchirée. The shirt was torn.
Les enfants avaient été réveillés. The children had been woken up.
Nous avons été vus. We have been (were) seen.

The Passive is more frequently used in English than in French. So, there are ways of avoiding the Passive.

A. 'ON' and the ACTIVE

This is used when the action is **intentional** and the person doing the action of the verb is not mentioned, e.g.:

> ***On*** *parle anglais ici.* English is spoken here.
> ***On*** *l'avait emmené à l'hôpital.* He was brought to hospital.

However, be careful with the intention – 'he was killed in an accident' would not be *On l'a tué dans un accident*, because it implies murder! Instead, we must use the passive – *Il a été tué . . .*

B. A REFLEXIVE verb

Elle s'appelle Marie. She is called Marie.
Ils s'organisent pour demain. They are getting organised for tomorrow.

NOTE 1: **If a subject is also an indirect object, then it cannot be passive. For example: I was told the time by my friend.**

In this sentence, the verb 'to tell' (***dire***) takes ***à***; therefore, if the object of 'told' is 'I', then 'I' is the indirect object as well as being the subject of 'to tell'. Since the preposition *à* cannot vanish, as in English, it has to be included somewhere. Thus, 'to me' comes into it, and ***on*** is used:

> ***On*** *m'a dit* one told me/I was told

Likewise with:

> She was given the job. ***On*** *lui a donné l'emploi.* One gave to her the job.

With *on* we use the indirect object pronoun – *me, te, lui, nous, vous, leur.*

NOTE 2: **With regard to 'was/were', you have to decide whether we are dealing with an action or a state:**

> *La fenêtre a été ouverte.* The window was opened.

This is a real passive sentence because an action was done to the window.

> *La fenêtre était ouverte.* The window was open.

This is not a passive, rather it is the state of the 'window'. It already stood open. No action was done to it. In fact, 'open' is like an adjective here. Now try these exercises.

1. The motorcyclist was knocked down by the lorry.
2. The lorry driver knocked down the cyclist.
3. We were advised to leave.
4. I advised him to take notes.
5. It is said that they will arrive.
6. The letter was written.
7. The car was stopped by the police.
8. He was asked a question (*poser une question*).
9. That is not done here.
10. The house had been burgled.
11. They were killed in an earthquake.
12. We were asked to come here.

15. L'INFINITIF PARFAIT : (THE PERFECT INFINITIVE)

In English – 'after having done', but usually we say – 'after doing'. What we are talking about here is the Passé Composé in the infinitive. The reason that the infinitive is used is because we are saying 'after doing' something, and all prepositions, except *en*, take the infinitive:

After writing down the message, he left.
Après ***avoir écrit*** *le message, il est parti.*
(literally: 'after to have written')

Take note of how verbs with *être* and reflexive verbs operate here:

After leaving the office she saw an accident.
Après ***être sortie*** *de son bureau, elle a vu un accident.*

After sitting, I began to read.
Après ***m'être assis****, j'ai commencé à lire.*

It is not too difficult provided that you remember which auxiliary verb to use, either *être* or *avoir.*

Exercise:

(i) After receiving the gift, I thanked my aunt.
(ii) She rang the office after hearing the news.
(iii) I went to the tourist office after returning to the town.
(iv) After washing myself, I shaved (*se raser*).
(v) After arriving late, we apologised.
(vi) Paula went into kitchen after coming downstairs.
(vii) After getting off the plane, I hired a car.
(viii) I read a book after going to bed early.

16. QU'EST-CE QUE / QUE ?

This causes major problems for students. Maybe it is because this area is not sufficiently covered in either the Leaving or Junior Certificates. The main point here is to know the difference, in French, between 'what' as a question and 'what' as a relative pronoun. Examine these sentences.

(i) **What** did you say, Mathieu? ***Qu'est-ce que*** *vous avez dit, Mathieu ?*
or
Qu*'avez-vous dit ?* (just omitting '*est-ce que*')

(ii) Tell me **what** you said. *Dis-moi* ***ce que*** *vous avez dit.*

Therefore, *que* is the question 'what', and *ce que* is the relative pronoun. To put it another way, *ce que* does <u>not</u> ask a question!

You would have noticed that the word *que* is the object (remember *qui/que* already explained in this section). What if the word 'what' is the subject?

(iii) What is happening here? *Qu'est-ce qui se passe ici ?*
(iv) Tell me what is happening here. *Dis-moi ce qui se passe ici.*

Exercise:

(i) I don't know what's going on.
(ii) What did they do?
(iii) What I like about school, is the friends.
(iv) What do you like about school?
(v) What should we do?
(vi) Don't ask them what they are doing today.
(vii) What's not working in the factory?
(viii) That's what's not working there.

<u>Be careful, as already shown in the example above:</u>

What did he say? *Qu'a-t-il dit ?* (turn around *il a* when not using *est-ce que*)

or

Qu'est-ce qu'il a dit ?

There are other expressions of 'what' depending on whether the verb takes a preposition or not.

(a) ***penser à*** to think about (something or to do something)
Je pense à rester à Dijon. I'm thinking about staying in Dijon.
À quoi penses-tu ? What are you thinking about?

(b) ***avoir besoin de*** to need
(i) *J'ai besoin de conseil.* I need advice.
(ii) *De quoi ont-ils besoin ?* What do they need? (literally: 'of what do they need?')

(c) What! as an exclamation
(i) *Comment ! Il a raté ses examens ?!* What! He failed his exams?!

NOTE: do not use 'What?' when you don't hear what someone has said. Instead, use *Pardon ?*

(ii) *Quel dommage !* What a shame! (Note that the article 'a' is not translated.)

Exercise:

(i) What! No more wine!
(ii) What do you want?
(iii) What does that mean?
(iv) What do you like to read?
(v) What is there to do?
(vi) What a storm! Broken windows everywhere!
(vii) What do you think about our idea?
(viii) What are they thinking about?
(ix) Let me know what she says.
(x) Tell him what you know.

17. LE SUBJONCTIF : (THE SUBJUNCTIVE)

The Subjunctive is rarely used in English; and even when it is used, the verb seldom changes. However, the Subjunctive is widely used in French. It appears regularly in literature, conversation and journalistic writing. It isn't reserved for a certain educated class, but throughout society. We don't have any real experience of it in English, except with a few conjunctions, such as 'as if', 'as though','if' and verbs of wishing.

NOTE: students should not worry too much about the Subjunctive. Aim to recognise it in Comprehension, and learn some examples for use in the oral and written sections of the exam.

What is the Subjunctive in French? First, think of the tenses that you have studied so far. These tenses would come under the heading of the **indicative mood**. They express fact and certainty; the way things are, were or will be, such as:

Joe worked hard.
She will return soon.
This is true.

The Subjunctive is less certain, more doubtful and vague. It expresses what, in the mind of the speaker, is desirable, undesirable; what is preferred, doubtful and dependent on an emotion:

I prefer that Joe worked hard. (Best English: I prefer Joe worked hard.)
It is possible that she will return.
I doubt that this is true.

Normally it is preceeded by *que.* (This doesn't mean that the Subjunctive is used every time you use *que*).

It is rarely found in the main clause of a sentence. The main clause is the one which makes sense on its own if removed from the sentence, e.g.:

> 'Your mother and I are hoping that you'll do well tomorrow.'
>
> 'Your . . . hoping' is the main clause. 'That you'll do well' doesn't stand too well on its own.

The Subjunctive has four tenses – Present, Imperfect, Perfect and Pluperfect. Fortunately, there is no Future tense. The Imperfect and the Pluperfect are more or less redundant. They are Subjunctives which you only find in old literature. The Perfect Subjunctive merely consists of changing *avoir* and *être,* not the past participles. That leaves the Present Subjunctive to learn. It is the most important.

Form:

(1) Take the 3rd person plural of the verb.
(2) Remove the *-ent* ending.
(3) Add the endings *-e, -es, -e, -ions, -iez, -ent.*

As you can see, the Subjunctive is very similar to the Present tense (Indicative, or 'ordinary'). Thus:

(Regular) Visiter

que je visite that I (may) visit
que tu visites
qu'il/elle visite
que nous visitions
que vous visitiez
qu'ils/elles visitent

(Irregular) Aller

que j'aille that I (may) go
que tu ailles
qu'il/elle aille
que nous allions *
que vous alliez *
qu'ils/elles aillent

* Note that in several irregular verbs, the stems of the verbs with *nous/vous* refer back to the infinitive, just like the Present Tense. Other notable exceptions are:

Être	**Avoir**	**Faire**
je sois	j'aie	je fasse
tu sois	tu aies	tu fasses
il/elle soit	il/elle ait	il/elle fasse
nous soyons	nous ayons	nous fassions
vous soyez	vous ayez	vous fassiez
ils/elles soient	ils/elles aient	ils/elles fassent

Check your textbook for a more comprehensive list.

USES

(a) after verbs of wishing / wanting:

(i) I would like to go to Wales.
Je voudrais aller au Pays de Galles.

(ii) I would like him to go to Wales.
Je voudrais qu'il aille au Pays de Galles.

Why do you think that, in (ii), the subjunctive is used? – The reason is that when the two verbs in each clause have two different subjects, then 'wishing' takes the Subjunctive. So, in (ii), 'I' wish that 'he' goes to Wales – Subjunctive.

However, in (i), there is only the one subject, that is 'I'. Thus, 'I' wish that 'I' go to Wales. This also applies to verbs of preferring.

(b) verbs of preferring

(i) We prefer to stay here. (1 subject)
Nous préférons rester ici.

(ii) We prefer you to stay here. (2 subjects)
Nous préférons que vous restiez ici.

(c) verbs of liking

(i) I'd like to join the army. (1 subject)
J'aimerais m'engager dans l'armée.

(ii) I'd like you to ring me. (2 subjects)
J'aimerais que tu me téléphones.

(d) after certain conjunctions

The best way to learn these expressions is to select examples of their use and to learn them.

(i) **avant que** (before):
Don't leave before I come. *Ne partez pas avant que je vienne.*

(ii) **pour que/afin que** (in order that / so that):
He explained it to me carefully so that I would understand. (literally . . . that I may understand) *Il me l'a expliqué avec soin pour que je puisse comprendre.*

(iii) **bien que/quoique** (although / though):
Though/Although he's sick, he doesn't stay in bed.
Quoiqu'/bien qu'il soit malade, il ne reste pas au lit.

(iv) **jusqu'à ce que** (until):
Wait here until I return. *Attendez ici jusqu'à ce que je revienne.*

(v) **de peur / de crainte que . . . ne** (for fear that):
I'd better go with him for fear (in case) he does something stupid.
Je devrais l'accompagner de peur qu'il ***ne*** *fasse une bêtise.*
(Note the use of *ne* in this construction.)

(e) after verbs of doubt / denial

(i) I doubt that you are right. *Je doute que tu aies raison.*
(ii) He denies knowing you. *Il nie qu'il te connaisse / il nie te connaître.*

(f) after certain common expressions / impersonal verbs

(i) ***il faut que*** it is necessary
You have to go away now. *Il faut que tu t'en ailles maintenant.*

(ii) ***il est possible que*** it's possible that
It's possible that he said that. *Il est possible qu'il ait dit cela.*

(iii) ***il vaut mieux que*** it's better that
It's better for you to learn a language.
Il vaut mieux que tu apprennes une langue.

(iv) ***il est temps que*** it's time that
It's time for them to go. *Il est temps qu'ils s'en aillent.*

(v) ***il est important que*** it's important that
It's important that you succeed in your exams.
Il est important que tu réussisses à tes examens.

NOTE: all these expressions have to do with possibility and doubt. However, those expressions which are concerned with certainty and probability do <u>not</u> take the Subjunctive.

(1) *Il est certain que nous avons gagné.* It's a certainty that we've won.
(2) *Il est évident qu'il ne vient pas.* It's obvious that he's not coming.
(3) *Il est vraisemblable qu'il pleuvra.* It's likely that it'll rain.
(4) *Il paraît qu'il meurt.* It appears that he's dying.

A. Le Subjonctif au Parfait (THE PERFECT SUBJUNCTIVE)

This is used under the exact same conditions as the Present Subjunctive. It is also used for the same type of actions (i.e. finished, complete) as the Passé Composé. So the Perfect Subjunctive is quite easy to learn. Just remember this simple rule – put *avoir / être* into the subjunctive, nothing else! Now you have the Perfect Subjunctive. The usual agreements apply also. Examples:

- *Je doute que tu* ***aies perdu*** *ta place.* I doubt that you've lost your place.
- *Il est possible que nous* ***ayons gagné*** *le gros lot.* It's possible that we've won the lottery.
- *J'ai attendu jusqu'à ce que les agents* ***soient partis*** *de la maison.* I waited until the police left the house.

Exercise:

Translate the following sentences. Remember that not all these verbs will be subjunctive.

(i) It's time for those responsible (*les responsables*) to tell the truth.
(ii) It's possible that I'll be here tonight.

(iii) It appears that they are good friends.
(iv) My parents want me to be happy in life.
(v) They prefer me to make my own (*propre*) decisions.
(vi) I'm not staying here in case (for fear that) they come back.
(vii) It's true that we are living in the age of computers.
(viii) The developed countries must help the under-developed ones (*les pays en voie de développement, les PVD*).
(ix) Would you like me to read out loud, Miss?
(x) Although I started the book yesterday, I haven't finished it yet.

18. LES PRÉPOSITIONS

1. About

(a) meaning **around** = *autour de*
J'ai marché autour de l'école. I walked around the school.
Il a regardé autour de lui. He looked around him.

(b) with **numbers** = *environ*
Environ cent mille personnes habitent Limerick.
About one hundred thousand people live in Limerick.

(c) with **time** = *vers* (also *environ, à peu près*)
Je rentrerai vers dix heures. I'll be back at about 10 o'clock.
Il y arrivera vers cinq heures et demie. He'll get there at about five thirty.

(d) expressing an **opinion** = *de*
Qu'est-ce que vous pensez de son dernier film ?
What do you think of his latest film?

(e) **subject about which** you are thinking = *à*
Elle pense à ses parents. She is thinking about her parents.

(f) **information** = *sur*
Nous voudrions de l'information sur le coût de la vie en France.
We'd like some information about the cost of living in France.
Veuillez m'envoyer des renseignements sur les campings en Normandie.
Please send me some information about campsites in Normandy.

NOTE: other ways of saying 'about', though they are not prepositions:

- *Si on prenait un café ?* What / how about a cup of coffee?
- *Si on allait au théâtre ?* How about going to a film?
- *De quoi s'agit-il ?* What's it about?
- *Il s'agit d'un pauvre homme qui . . .* It's about a poor man who . . .

2. Against

Opposition and feelings of **anger** = *contre*

- *L'Irlande joue contre la Pologne.* Ireland are playing against Poland.

- *Elle s'est fâchée contre moi.* She got angry with me.
- *Le pharmacien m'a donné un médicament contre la grippe.* The chemist gave me medicine for the flu.

3. At

(a) At somebody's **premises or house** = *chez*
Il est chez le dentiste. He is at the dentist's.
Nous restons chez Paul. We're staying at Paul's (house).

(b) 'At' is a very general word, and is used in many contexts. The normal word in French is *à*:

- *à la maison* at home
- *à l'âge de quinze* at the age of 15
- *à la fin* at the end
- *à l'école* at school
- *à six heures* at 6 o'clock

4. Before

(a) In the sense of **in front of** = *devant*
Il se tenait devant la porte. He stood in front of the door.
L'auto est stationnée devant la maison. The car is parked in front of the house.

(b) In terms of **time and order** = *avant*
On y arrivera avant deux heures. They'll get there by / before 2 o'clock.
J'y serai avant toi. I'll be there before you.

5. By

(a) **by means of**, by a certain way = *par*
Envoyez-la par mandat postal. Send it by postal order.
Par ce moyen. By this means.

(b) after a **passive** = *par*
Il a été renversé par une voiture. He was knocked down by a car.
Le roman a été ecrit par mon ami. The book was written by my friend.

(c) **transport**

- *en car* by coach
- *en voiture* by car
- *en avion* by plane

6. From

'From' is most often translated by *de*.

(a) from **a place** = *de*
Ils sont sortis de la maison. They went out of the house (exited from).
Marc est parti de l'école. Mark left school (departed from).
Son mari vient de Londres. Her husband comes from London.

(b) **dating from** = *dès, à partir de, depuis*
Le bureau est ouvert à partir de lundi.
The office is open from Monday (onward).
Dès ce jour, on s'est bien entendu.
From that day (forward) we got on well.

(c) meaning **because of**, **out of**, **through** = *par*
Fais cela par politesse. Do it out of politeness.
Il lui a donné un cadeau par gentillesse. He gave her a present out of kindness.

7. In, into

(a) **cities, towns, villages** = *à*
La dame habite à Moscou. The lady lives in Moscow.
Mon correspondant passe ses vacances à New Ross.
My penpal is spending his holidays in New Ross.

(b) **countries**:
– depends upon the gender of the country
(i) masculine = *au*
Lisbonne se trouve au Portugal. Lisbon is in Portugal.
J'habitais aux États-Unis. I used to live in the US.
(ii) feminine = *en*
On a loué un gîte en France. We rented a cottage in France.
Pierre est en Italie. Peter is in Italy.

(c) **counties** = *dans le*
Westport est dans le comté de Mayo. Westport is in Mayo.
Nous avons un pavillon dans le Donegal. We have a house in Donegal.

(d) In the sense of **inside, within a specific time or place** = *dans*
On joue dans ce champ. We're playing in this field.
Il y a un bistrot dans chaque rue. There is a pub in every street.

(e) To denote **at the end of** and **in the course of time** = *dans / en.*
L'avion va atterrir dans une heure. The plane will land in an hour (at the end of an hour).
Je ferai cette tâche en une heure. I'll do that job in an hour (it'll take me an hour to do it).

(f) **seasons, years** = *en, au*
(i) *en hiver, en été, en automne,* but *au printemps* (because *printemps* begins with a consonant).
(ii) *Je suis né en 1993.* I was born in 1993.

(g) after a **superlative** = *de, d'*
François est l'élève le plus intelligent de la classe.
François is the most intelligent pupil in the class.
La rivière Shannon est le plus long fleuve de l'Irlande.
The Shannon is the longest river in Ireland.

8. On

(a) Usually translated by *sur.*
J'ai trouvé mon baladeur sur la table. I found my walkman on the table.

(b) It is left out before dates:
Il aura lieu mercredi. It will take place on Wednesday.
Nous sommes partis le trois avril. We left on the 3rd of April.

9. Through

motion across = *à travers / par*
J'ai marché à travers la cour. I walked across the yard.
Nous sommes passés par Paris. We travelled through Paris.
Je suis passé par la douane. I went through customs.

10. To

(a) translated by *à* for an **indirect object**:
Je parlais à Patricia. I was talking to Patricia.
La fille a présenté son copain à sa mère.
The girl introduced her friend to her mother.

(b) to a **county** = *dans le*
Nous allons dans le Kerry. We're going to Kerry.

(c) to a **city** = *à*
On va à Edimbourg. We're going to Edinburgh.
Elle habite à Berlin. She lives in Berlin.

(d) to a **country** = *au, en* (depending on gender)
(i) masculine:
Nous allons au Portugal l'été prochain.
We're going to Portugal next Summer.
Il va ***aux*** *États-Unis.* He's going to the US.
(ii) feminine:
Je vais en Écosse. I'm going to Scotland.

(e) meaning to someone's house or business = *chez*
Anna est partie chez son amie. Anne's gone to her friend's house.
Vas-tu chez le dentiste ? Are you going to the dentist?

11. Until, up to

Usually **jusqu'à**:
Jusqu'ici les joueurs ne sont pas arrivés. Up to now/so far, the players haven't arrived.
Jusque-là il y avait plein d'emplois. Up until then there were plenty of jobs.
Jusqu'où faut-il aller ? How far do we have to go?

Exercise:

Practise by translating the following prepositions into French. There may be one or two prepositions included in this exercise which were not covered in the notes, so you will have to use some instincts!

(i) Il sera de retour (by) neuf heures.
(ii) J'habite (in) Londres (in) Angleterre.
(iii) Il y a un vase (on) le téléviseur.
(iv) Il y a un bon film (on) la télé.
(v) Reste ici (until) demain.
(vi) Elle l'a fait (through) honnêteté.
(vii) J'y allais une fois (a) année.
(viii) Les Californiens viennent (from the) États-Unis.
(ix) Le Brésil joue (against) le Péru.
(x) Le ministre est arrivé (from) France.
(xi) Tout le monde va (to) église (on) dimanche.
(xii) Le concert aura lieu (on) samedi.
(xiii) Nous y allons (by) car.
(xiv) Il y a (about) trente élèves dans notre classe.
(xv) Ma tante est très malade. Elle est (in) hôpital.
(xvi) Sean est arrivé (before) moi.
(xvii) Rien ne s'est passé (up to now).

19. AGREEMENT OF THE PAST PARTICIPLE

1. You are acquainted with the past participle agreeing with subject of the verb in the Passé Composé:

   elle est née ; ils sont venus ; nous sommes rentrés.

2. You also know that a past participle can be an adjective, and it agrees with the noun:

   les étudiants épuisés ; une colline couverte de neige ; la terre gelée.

3. There is a third condition whereby the past participle agrees with the **direct object** of a verb using **avoir** in a past tense.

   The participle agrees in (ii), in the following examples, because *les* and *la* are direct objects which come before *avoir.* There is no agreement in (i) because, of course, the direct object comes after the verb.

(a) (i) *j'ai écrit les lettres* I wrote (the letters)
(ii) *je les ai écrit**es*** I wrote (them).

(i) *le garçon a rangé* (*la chambre*) the boy tidied (the room)
(ii) *le garçon l'a rang**ée*** the boy tidied (it)

(i) *elle avait fait (ses courses)* she did (her messages)
(ii) *elle les avait fait**es*** she did (them)

(b) **NOTE:** the relative pronoun *que* is also a direct object pronoun because it is standing in for *les lettres*, and it too comes before the verb.

(i) *j'ai écrit les lettres* I wrote the letters
(ii) *les lettres que j'ai écrit**es*** the letters which I wrote

4. There is *never* an agreement with **indirect** object pronouns:
   (a) *Nous avons envoyé la carte (à notre tante).* We sent the card (to our aunt).
   Nous (lui) avons envoyé la carte. We sent the card (to her).
   (b) *ils nous ont vu**s*** they saw (us)
   ils nous ont parlé they spoke (to us)

Agreement in (a) because 'us' is a direct object. There is no agreement in (b) because 'to us' is an indirect object.

5. There is *never* an agreement with the pronoun *en*:

   J'ai reçu des romans de mon père. I got some novels from my father.
   J'en ai prêté à mes copains. I lent (some) to my friends.
   Il a acheté des bonbons, et m'en a offert. He bought some sweets and offered me (some).

Exercise:

Put the following infinitives into past participles.

(i) La fille s'est (mettre) à pleurer.
(ii) Elle nous a (regarder).
(iii) Où sont les serviettes que j'ai (laisser) ici ?
(iv) J'en ai (vendre).
(v) Elles se sont (coucher) tôt.
(vi) Elle a (vouloir) les laisser là-bas, maman.
(vii) Le facteur a (distribuer) les cartes postales.
(viii) Le prof leur a (répondre).
(ix) Voilà les joueurs que tu as (reconnaître).
(x) Avez-vous (voir) la femme qui est (sortir) ?

Translate:

(i) The courses that I studied were hard.
(ii) The car which I bought is going fine. (use *rouler* to go)
(iii) I offered them some cake.
(iv) Did you eat any?
(v) He asked them a question.
(vi) I returned the books I read.
(vii) There's the woman I met yesterday.
(viii) Did you find your change? Yes, I found it.

20. LE PRONOM DÉMONSTRATIF : THIS ONE, THAT ONE; THESE ONES, THOSE ONES; THE ONE(S)

A. You will remember the demonstrative adjective 'this' ce

- this, that novel *ce roman* (masc.)
- this, that friend *cet ami* (masc. + vowel)
- this, that house *cette maison* (fem.)
- these, those people *ces gens* (masc. + fem. plural)

Now if you wanted to replace the above nouns by a pronoun, then you would be saying:

- this, that novel – this one, that one
- these, those people – these ones, those ones

Examples:

1. *Quel livre veux-tu lire ? Celui-ci ou celui-là ?*
Which book do you want to read? This one or that one?

2. *Ne mangez pas cette pomme-ci. Mangez celle-la.*
Don't eat this apple. Eat that one.

NOTE: to distinguish between 'this' and 'that', merely attach *-ci* or *-là* to the noun, to mean 'this' and 'that' respectively.

The complete list of pronouns is:

	Masculine	**Feminine**
Singular	**celui**	**celle**
Plural	**ceux**	**celles**

B. This pronoun is usually followed by one of three things:

(a) de
(b) -ci ; -la
(c) qui / que.

1. **de** : This translates the possessive, as in '____'s':

(i) *Si tu n'aime pas ces baskets, essaie ceux de ton frère.*
If you don't like these trainers try your brother's (those of your brother).
(ii) *Les rugbymen de la France sont meilleurs que ceux de l'Écosse.*
The French Rugby players are better than those of Scotland.

2. **-ci** ; **-là** : To emphasise the difference between 'this/that' and 'these/those':
(i) *Ces fleurs-ci sont plus belles que celles-là.*
These flowers are nicer than those ones.
(ii) *Cet élève-ci travaille mieux que celui-là.* This pupil works better than that one.

3. **qui / que** : to indicate 'the one which / that ____':
   (i) *Quelle bouteille de vin voulez-vous, madame ? Celle-ci ou celle-là ?*
   Which bottle of wine do you want, madame? This one or that one?
   Je voudrais celle qui est sur le deuxième rayon, s'il vous plaît.
   I'd like the one which is on the second shelf, please.
   (In this case, *qui* is the subject pronoun of the verb 'is'.)
   (ii) *Quel journal lisez-vous ?* Which paper are you reading?
   Celui que vous avez laissé ici. The one that you left here.
   (In this example, *que* is the object pronoun of the verb 'left'. 'You' is the subject).

C. CECI and CELA

1. These words mean 'this' and 'that'.
2. They are unlike *celui* insofar as they are not pronouns. *Ceci* and *cela* do not stand in for a previously mentioned noun. They are neuter.
3. In conversation, *cela* is reduced to *ça.*
4. *Ceci* and *cela* refer to an **idea**, an **event** rather than a noun.
5. *Cela* can also mean **it**.
   - *Cela ne se fait pas ici.* That's not done around here. (In this case, *cela* refers to some action.)
   - *Ceci est très drôle.* This is very funny.
   - *Cela me rend heureux.* That makes me happy.
   - *Écoutez ceci.* Listen to this.
   - *Cela m'est (bien) égal.* It's all the same to me (I don't mind).

Exercise:
Translate

(i) I prefer my car to John's (that of John).
(ii) Here are two roads. The latter leads to Caen; the former leads to Bayeux.
(iii) There's his calculator and Ann's.
(iv) What do you think of that?
(v) Did you enjoy (*apprécier*) the film? Which film? The one which was on BBC last night.
(vi) This letter is not the one that you wrote.
(vii) He who wastes his money is a fool.
(viii) Those who work hard earn the rewards.

21. CONDITIONAL : (WOULD)

A. The basic Conditional that you learned for the Junior Certificate can be revised here before going into the more difficult aspect of this very useful tense. To recap, the Conditional means:

'I **would** do something.'

B. The formation is simple, provided that you know the Future Tense. This is because you get the Conditional from the Future Tense.
First, you remove the endings from the Future verbs:

je donner- ; tu choisir- ; il attendr- ; nous ser- ; vous aur- ; elles ir- .

NOTE: all verbs have the letter *r* in their stems.

Second, add the **Imperfect** endings:

Donner	**Être**
je donner**ais** = I would give	je ser**ais** = I would be
tu donner**ais**	tu ser**ais**
il/elle donner**ait**	il/elle ser**ait**
nous donner**ions**	nous ser**ions**
vous donner**iez**	vous ser**iez**
ils/elles donner**aient**	ils/elles ser**aient**

C. Uses

Que voudriez-vous faire après le Leaving Cert ?
What would you like to do after the Leaving Cert?

Pourriez-vous me donner l'adresse, s'il vous plaît ?
Could you give me the address, please?

J'aimerais t'accompagner en Allemagne.
I'd like to go with you to Germany.

D. 'If' sentences: (Present / Future)

These sentences can take the same tenses in both English and French. To explain, look at these examples:

If I see him today, I'll phone you.
Si je le vois aujourd'hui, je te téléphonerai.

In the 'If' clause, the tense is Present in both languages. In the main clause, i.e. 'I'll phone you', the tenses are both future. So, the tenses correspond in both languages; therefore, there's no problem in deciding on tenses:

François will write to me if he has the time.
François m'écrira s'il a le temps.

The explanation for the first example also applies to the second. It does not matter where the word 'if' appears in the sentence.

E. 'If' sentences: (Imperfect / Conditional)

Now it becomes less simple. This time the tenses do not correspond nicely like the ones above. In this case, the rule goes like this:

When the **main clause** is in the Conditional Tense, the 'If' clause goes into the Imperfect Tense:

Si je gagnais le gros lot, je voyagerais partout dans le monde.
If I won the lotto, I would travel around the world.
(You would expect *gagnais* to be in the Passé Composé, but not in this construction.)

L'étudiante ferait mieux si elle travaillait plus dur.
The student would do better if she worked harder.

Si je m'entraînais plus, je ferais partie de l'équipe.
If I trained more, I would be on the team.

Mes parents achèteraient une voiture neuve s'ils avaient l'argent.
My parents would buy a new car if they had the money.

SUMMARY

There are two types of Conditional sentences:

1. *Si* + PRESENT in the minor clause: FUTURE in the main clause.

2. *Si* + IMPERFECT in the minor clause: CONDITIONAL in the main clause.

Exercise:
Put the verbs in brackets into their correct tenses:

(i) If you were rich, you would not be content.
(ii) We'll go out if the weather is fine.
(iii) If they're fit, they'll win.
(iv) If you don't close the window, there will be a draught (*un courant d'air*).
(v) If I got a good Leaving Cert, I'd go to University.
(vi) If he has the time, he goes to the tennis club.
(vii) If I had the money, I would buy a CD player.
(viii) If she had the time, she'd go out to the cinema.

Section 3 – Reading Comprehension

Compréhension Écrite

NOTE:

1. The first comprehension is usually a literary piece, taken from a novel. It is likely to contain the **Passé Simple** and subjunctives. It can be a narrative with a lot of descriptive material. There may also be a good deal of conversation.

The second comprehension is likely to be a journalistic passage, with perhaps more modern language but less conversation. It often deals with a contemporary issue.

2. Certain question words seem to repeat themselves. They are:

(a) '<u>Relevez dans</u> la première section . . . ' = <u>Take out of</u> the 1st section . . .

In some cases, the word *dans le/la* can mean 'out of'.

(b) '<u>Trouvez</u> dans la deuxième section . . . ' = <u>Find</u> in the 2rd section . . . .
(c) '<u>Citez dans</u> la troisième section . . . ' = <u>Quote from</u> the 3th section . . . .
(d) '<u>Selon</u>'/'<u>D'après</u>' la quatrième section . . . = <u>According</u> to the 4th section . . .

In the above cases, you are really only asked to locate the relevant material and write it down directly from the text – but **accurately**! Do **not** write a whole sentence or paragraph just because it contains the information that you want. For example, if you are asked, for argument's sake, to find the number of people that a business employs in this sentence:

'Aujourd'hui, il emploie vingt-cinq personnes et réalise vingt millions de chiffres d'affaires par an'

then only give the precise answer, i.e. *il emploie vingt-cinq personnes.*

Nothing else. If you wrote the whole sentence, you would be giving information about the businessman's turnover (*chiffres d'affaires*). That is irrelevant, and marks will be deducted probably one or two out of five.

3. *Quelle est l'essentiel de la cinquième section ?* is another key question. It means 'What is the main point of . . . ?' Just give the main point! Often, this question can be a multiple choice question, so you need to select one correct statement out of four.

4. Words like *Trouvez une phrase, des mots ou des expressions qui montrent que* . . . , are commmonplace. *Une phrase* is a 'sentence', and that is what you are required to find. *Mots / expressions* are 'words' and 'expressions'; you do not need to write a sentence.

5. '*Donnez deux détails / exemples de . . .*' is yet another type of question, and is not difficult to understand. Give the examples, nothing more.

6. One further question has to do with finding examples of grammar points, such as: '*Trouvez un exemple d'un verbe au Passé Composé*'. This is not a hard assignment. In fact, if you know your grammar well, you will have little trouble.

7. The last question is expressed in English and answered in English (all the other questions are answered in French). You are examined on details concerning the author's style, character descriptions or events in the comprehension. It is better to give your answer plus a concise reference or quotation and explain it.

8. You may be required to alter the 'person' of the verb. For example, you may have to change: *J'ai balayé le plancher et j'ai rangé la cuisine* to

Il a balayé . . . et il a rangé . . .

The task is likely to be a simple one, nothing too intricate.
The best preparation for these comprehension questions is practice and plenty of reading, i.e. short novels or short stories.

☛ SAMPLE 1

EXCLUSIF / SEAN CONNERY : 'L'ÉCOSSE SERA INDÉPENDANTE !'

L'agent 007 défie Sa Majesté. Sean Connery nous dit pourquoi – selon lui – l'heure est venue pour l'Écosse de divorcer d'avec l'Angleterre. L'une et l'autre étaient 'mariées' depuis l'Acte d'union de 1707 . . . *par Drusilla Fraser et Arnould de Liedekerke*

1. Le Figaro Magazine : On recense environ vingt millions d'Écossais à travers le monde, un peu plus de cinq millions en Écosse. Êtes-vous né ici ?
Sean Connery : Oui, ici-même, à Édimbourg, dans le quartier de Fountainbridge. Ma maison natale est désormais occupée par les brasseries Scottish & Newcastle. Il ne reste plus grand-chose de ce que j'ai connu enfant.

2. F.M. : Vous portez un tatouage 'Vive l'Écosse'. Prônez-vous sa sortie du Royaume-Uni ?
S.C. : Le tatouage a un peu passé (*sourire : il relève sa manche sur son avant-bras droit*), non pas ma conviction : l'Écosse mérite d'être indépendante, et cela bien que nous soyons voisins de l'Angleterre. Nous serions vis-à-vis d'*elle* un partenaire à égalité. Nous serions . . . tout ce que nous avons envie d'être – ou de ne pas être. D'ailleurs, je ne vois pas très bien ce qui gêne les Anglais dans ce divorce. Nous sommes en démocratie, après tout . . . On n'a de cesse de reconnaître la Croatie, la Bosnie, parfait !

3. F.M. : En 1991, vous avez prête votre voix à un clip vidéo du SNP, dénonçant le fait que l'Écosse verse chaque année à Londres 20 milliards de livres de ses revenus pétroliers. Peut-on parler de vous comme d'un militant ?
S.C. : Non. Si j'étais vraiment un militant, j'habiterais l'Écosse. Cela dit, d'avoir vécu depuis si longtemps dans toutes sortes de pays m'a permis de mesurer l'image que les gens se font de l'Écosse. Une image d'Epinal : paysages à la Rob Roy, tartans, whisky, etc. C'est romantique à

→

souhait, mais nous valons beaucoup mieux que ça. Combien les États-Unis d'Amérique n'ont-ils pas eu de présidents d'origine écossaise ? Hélas ! au contraire des Irlandais, nous n'avons pas établi de véritable 'pont' avec les États-Unis. Peut-être les Irlandais étaient-ils plus motivés . . .

4. Pour me résummer, ce que j'appelle de tous mes vœux, c'est un gouvernement vraiment concerné par les problèmes de ce pays, et qui les prenne en main. En Écosse, aujourd'hui, l'essentiel de la population est concentrée dans quatre ou cinq grandes villes. Chômage, frustrations de toutes sortes, surtout chez les jeunes, même diplômés, mais *qui* ne trouvent pas d'emploi au pays. À Glasgow, Édimbourg, la drogue fait des ravages, peut-être plus que nulle part ailleurs en Europe. Ne me dites pas qu'on ne peut pas y remédier ! Pourquoi ne pas envoyer l'armée, identifier les responsables, les coffrer ? C'est faisable, non ? Encore faut-il le vouloir.

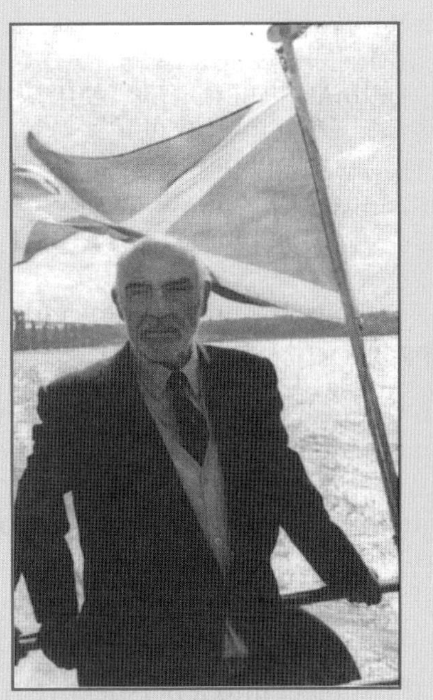

✍ QUESTIONS (1) – SEAN CONNERY.

1. Trouvez une phrase dans la première section qui montre que l'endroit où habite Sean Connery n'est plus le même:

   . . . .

2. Dans la deuxième section, comment est-ce que Sean Connery justifie son désir pour l'indépendance ? Donnez deux raisons :
   (i) . . . .
   (ii) . . . .

3. Selon Sean Connery, quelles sont les images qu'on a de l'Écosse? Donnez deux exemples (Section 3) :

   . . . .

4. (i) Dans la quatrième section, quels seraient les problèmes auxquels l'Écosse doit faire face. (Citez deux problèmes) :
   (a) . . . .
   (b) . . . .

   (ii) Trouvez dans le texte des synonymes pour ces phrases :
   (a) qui dérange (Section 2)
   (b) la plupart des Écossais habitent les villes (Section 4)

5. Pour chacun des mots en italiques, trouvez dans le texte le mot auquel il se réfère :
   (a) elle (Section 2) ....
   (b) qui (Section 4) ....

6. How well do you think that Sean Connery puts forward his argument for Scottish independence? (50 words):
   ....
   ....

LA PRODUCTION ÉCRITE (1) :

Sean Connery cherche l'indépendance pour l'Écosse (Section 2). À votre avis, est-ce que cela vaut la peine ? (90 mots environ)

1. The first thing to do is the obvious one – read the question carefully. Know what is expected in your answer. In this instance, you are asked whether you think that independence for Scotland is worth the trouble of pursuing.

2. Next, you should read the paragraph referred to in the question. It helps to put the subject into a perspective. You become more acquainted with the main character's thoughts.

3. You may try to re-read the text so as to get a more complete picture of the story/argument.

4. It is recommended that you highlight / underline any words or phrases which would help you in your answer. For example, you might note the following material:

Section 1: *j'ai connu* I've experienced (*connaître* does not only mean 'to know').

Section 2:
(a) *L'Écosse mérite d'être indépendante.*
Scotland deserves to be independent.
(b) *Nous serions . . . un partenaire à égalité.*
We would be . . . equal partners.
(c) *Nous sommes en démocratie, après tout.*
We're in a democracy, after all.
(d) *reconnaître la Croatie* recognise Croatia

Section 4:
(a) *chômage* unemployment
(b) *qui ne trouvent pas d'emploi* who don't find jobs

You are unlikely to use all of these notes, but when you underline them, you have, at least, a list of vocabulary to refer to.

5. Begin your answer with the central theme of the question, i.e. Sean Connery's view of Scottish independence.

6. Then formulate your response, aided by the vocabulary from the text.

SAMPLE ANSWER:

Sean Connery ne doute pas que l'indépendance sera une réalité. Il dit que c'est inéluctable (inescapable). *Néanmoins, il y a un problème que d'autres pays indépendants ont connu ; c'est-à-dire le manque d'argent. Les revenus pétroliers ne suffisent pas pour payer le chômage et la sécurité sociale. Les nationalistes promettent trop. Peuvent-ils résoudre les problèmes des jeunes dans les grandes villes ? Regardez la Russie où l'on trouve le désordre et une crise économique. Que faire ? En ce qui concerne l'indépendance de l'Écosse, je pense que ça coûte trop cher.*

(90 words)

☛ SAMPLE 2

10 Idées modernes pour étudier heureux

Étudiez, y a que ça de vrai !

❶ *Les chiffres sont sans appel : plus vous poursuivez vos études, moins vous avez de risques d'être confronté au chômage. Étudier, c'est aussi avoir accès au savoir. Deux bonnes raisons au moins de se cramponner ferme aujourd'hui.*

Par Emmanuel Davidenkoff

Rien ne va plus. L'université serait incapable de préparer ses étudiants à trouver un emploi ; les diplômes type BTS-DUT ne vaudraient plus rien ; les diplômés des grandes écoles seraient au chômage. Vous n'y croyez pas ? Vous avez bien raison ! Mais il est des vérités bonnes à rappeler. Même François Bayrou, le ministre de l'Education nationale, a semblé le (re)découvrir en juin dernier. Son discours de clôture des États généraux de l'université – vaste consultation de tous les membres de la communauté universitaire — s'ouvrait par trois refus :

1. Non à la 'fermeture' de l'université (comprendre la sélection).
2. Non à trop d'autonomie pour les universités – pas question qu'elles fixent librement leurs droits d'inscription ni qu'elles développent une concurrence ouverte.
3. Non, enfin, à la 'secondarisation' du supérieur, c'est-à-dire à une baisse des exigences.

Après, il y a l'intendance : les amphis trop petits, le manque de place en bibliothèque universitaire, la maigreur des bourses, les erreurs d'aiguillage qui expliquent pour partie le taux d'échec important des étudiants en premier cycle . . . De tout cela, le ministre a promis de s'occuper. Sans toucher aux grands principes. Et il n'a pas forcément tort.

❷ **Les principes de l'université**

Que permettent ces grands principes ?
En premier lieu, de préserver un semblant d'égalité des chances. D'accord, le fils de patron a toujours plus de chances d'entrer à Polytechnique que le fils d'ouvrier. Et l'échec scolaire, malheureusement, se joue bien avant le bac. Il n'empêche : le niveau général s'est élevé en trente ans, et ce phénomène est à porter au crédit de l'école. 30% d'une classe d'âge décrochait le bac il y dix ans. Le chiffre est aujourd'hui de 65% ! Comme les exigences de la

→

société ont, elles aussi, évolué – le travail purement manuel, qui était la règle il y a quelques décennies, est devenu l'exception –, imaginez ce qui se serait produit si, au lieu d'ouvrir les portes des lycées et des facs au plus grand nombre, on avait décidé de pratiquer une politique sélective ? Le fossé que l'on constate entre ceux qui ont accès au savoir et ceux qui n'y ont pas accès serait encore plus large.

❸ Moins de chômeurs chez les diplômés

Il suffit d'ailleurs d'observer les chiffres pour se convaincre que les études restent le meilleur remède contre le chômage : l'équation 'plus votre diplôme est élevé, moins vous risquez de vous retrouver au chômage' fonctionne toujours. En clair, si vous êtes à bac+2 et au-delà, ne sursautez plus en entendant parler du chômage des jeunes. Ce n'est pas de vous qu'il s'agit. Vos problèmes seront d'un autre ordre : vous mettrez un peu plus longtemps que vos aînés à trouver un emploi, il sera peut-être un peu moins bien rémunéré et, surtout, vous risquez de passer par une phase de précarité plus longue.

(Talents)

✍ QUESTIONS (2) – ÉTUDIEZ, Y A QUE ÇA DE VRAI !

1. Dans la première section, citez deux raisons pour lesquelles on doit bien étudier :
   (a) ....
   (b) ....

2. Selon la première section, quels sont les problèmes que le ministre de l'Éducation nationale doit résoudre (mentionnez-en deux) :
   (a) ....
   (b) ....

3. (a) Dans la deuxième section, relevez la phrase qui montre l'égalité des chances : ....

   (b) Trouvez des synomymes pour:
   (i) des universités (Section 2) ....
   (ii) bien payé (Section 3) ....

4. D'après la troisième section, comment mieux se protéger contre le fléau social du chômage ? ....

5. Relevez dans le texte un exemple d'un :

(a) verbe au passif (Section 1) ....
(b) verbe pronominal (Section 1) ....

6. What are the advantages of further study after school ? (50 words)

....
....
....

LA PRODUCTION ÉCRITE (2):

Êtes-vous d'accord avec l'auteur que vous avez beaucoup plus de chance de trouver un emploi si vous poursuivez vos études après l'école ? (Voir la première section de la Question 1, Section 1).

(90 mots environ)

☛ SAMPLE 3

SIDA : SERINGUES GRATUITES, UNE PREMIÈRE CONTROVERSÉE

La Communauté française et MSF veulent offrir des seringues propres pour freiner l'épidémie de sida chez les toxicomanes. Polémique.

1. Lutter contre le sida ? Un casse-tête pour les spécialistes de la prévention. Si les messages généraux d'information ont quelque chance de faire mouche chez les jeunes, toucher des populations plus ciblées comme les homosexuels et – surtout – les toxicomanes, s'avère encore beaucoup plus difficile. Et chaque minute de silence tue.

Si l'on ne parle plus depuis longtemps de 'populations à risques' (aucun milieu n'est désormais épargné), certains groupes continuent de payer plus que d'autres leur tribut à l'épidémie. Ces deux dernières années en Europe, plus d'un tiers des cas de sida déclarés l'ont été chez les toxicomanes.

2. Pour endiguer le fléau, la division 'HIV' du Comité de concertation sur l'alcool et les autres drogues (CCAD), dépendant de la Communauté française, et Médecins sans frontières, ont décidé de passer à l'action. Leur projet : installer un comptoir d'échange de seringues. Une camionnette stationnerait à certaines heures dans un quartier de Bruxelles. Une première en Belgique, soutenue par l'Agence de prévention sida.

Il ne s'agirait pas seulement d'échanger des seringues mais aussi de diffuser des messages d'information, d'orienter éventuellement les toxicomanes qui le souhaitent vers des thérapeutes, d'inviter au dépistage, explique Alexis Goosdeel, co-responsable du projet avec les docteurs Jacques et Lequarré, au CCAD, et Klaus, à MSF.

Depuis quelque temps, l'information circulait parmi les drogués de Bruxelles : à partir du 1er avril, <u>ils</u> pourraient échanger leurs seringues usagées contre des neuves, place Simonis, à Koekelberg. Rendez-vous manqué : la commune vient de faire faux bond. Le bourgmestre, Jacques Pivin, a signé hier une ordonnance de police interdisant l'échange de seringues sur son territoire.

Le projet pilote avait pourtant reçu l'aval de Magda De Galan, ministre de la Santé de la Communauté française. Le ministre de la Justice, Melchior Wathelet, n'y voyait pas d'objection tant que l'on reste dans la légalité. Mais la santé publique a des urgences que la répression ignore . . . L'usage des stupéfiants reste interdit, et le rassemblement de toxicomanes indésirable.

3. Les auteurs du projet n'en sont pas moins déterminés à passer a l'action coûte que coûte, fût-ce dans un autre quartier de Bruxelles.

Leurs arguments ? *Les seringues sont officiellement en vente libre, mais beaucoup de pharmaciens refusent encore de <u>les</u> donner aux drogués*, explique Alexis Goosdeel. *De plus, les officines sont fermées le soir et il est difficile pour un pharmacien de rouvrir pour un toxicomane*. En outre, les auteurs de projet soulignent qu'aider les drogués, c'est faire d'une pierre trois préventions. *Le sida ne se transmet pas que par voie sanguine*, insiste Alexis Goosdeel. *La voie sexuelle et maternelle véhicule aussi le virus : prévenir l'infection chez les drogués permet de protéger leurs partenaires et leurs enfants . . .*

Joëlle Meskens (avec Barbara Smit à Amsterdam, ***Le Soir***)

✍ QUESTIONS (3) – LE SIDA.

1. (a) Trouvez une expression dans la première section qui montre que le sida touche toutes les classes sociales : ....

   (b) Trouvez une expression dans cette section qui souligne le fait qu'au moins trente trois pour cent des victimes du sida sont des drogués : ...

   ....

2. Dans la deuxième section, quelle est la solution proposée par le CCAD ?

   ....

3. Trouvez deux termes pour décrire ceux qui prennent des drogues :

   (i) ....

   (ii) ....

4. (a) Selon la deuxième section, comment est-ce que le projet marche ?

   ....

   (b) Comment est-ce que nous savons que le projet échouera à Bruxelles ?

   ....

5. (a) Trouvez dans la deuxième section un exemple d'un verbe au conditionnel

   ....

   (b) Pour chacun des mots soulignés, trouvez dans le texte le mot auquel il se réfère :

   (i) ils (Section 2) ....

   (ii) les (Section 3) ....

6. In your opinion, how convincing are the arguments advanced by the CCAD to put a brake on the spread of AIDS? (50 words)

   ....

   ....

   ....

LA PRODUCTION ÉCRITE (3):

Croyez-vous que la meilleure façon de combattre le sida est de distribuer des seringues propres et gratuites ? (Voir le 1er paragraphe de la Section 1).

(90 mots environ)

CAISSIÈRE D'HYPER : L'ENFER

20 clients à l'heure et un article à enregistrer toutes les trois secondes : les dames troncs des grandes surfaces craquent. Une équipe de l'Institut national de recherche et de sécurité a pensé à elles

Guillaume Malaurie

Caissière d'hyper : l'enfer

1. Pour une fois, voilà un travail sociologique qu'un cinéaste un peu curieux des années 90, un Raymond Depardon ou un Ken Loach, pourrait convertir en long métrage. Le titre est tout prêt : *Les Hypercaissières*. Sujet ? Ces dames troncs des grandes surfaces qu'une équipe de l'Institut national de recherche et de sécurité[1] a écoutées, sondées, chronométrées et auscultées des mois durant. Des femmes à qui chacun d'entre nous paie ses achats une fois par semaine en les regardant à peine et que, brusquement, l'on n'oublie plus.

Mettez-vous une seconde à leur place sur le tabouret pivotant : c'est 20 clients à l'heure qui passent devant vous, soit un toutes les deux à trois minutes, un article toutes les trois secondes à enregistrer et, parfois, 12 packs de bouteilles de 7 à 15 kilos chacun qu'il faut soulever et resoulever toutes les douze minutes en moyenne . . .

'La tête dans le sac'

2. Car cette corporation de 131 000 caissières doit aujourd'hui accélérer de manière vertigineuse le nombre et la vitesse de ses gestes pour suivre la généralisation des scanners ou de l'ensachage semi-automatique.

Appendice de la machine, l'hypercaissière doit aussi mémoriser les promotions, repasser devant les scanners les 10 à 15 % de produits au code-barre douteux. Sans compter la vérification des identités, la manipulation des chèques, des espèces et des cartes de crédit. Et sans oublier non plus l'accueil de rigueur de la clientèle. Dans le métier, ça s'appelle le 'SBAM' : 'Sourire-bonjour-au revoir-merci'. 'Pourtant, vous savez, on a toujours la tête dans le sac', dit l'une. 'On ne voit plus les clients.' 'Au bout de deux heures de travail à un rythme soutenu, confie l'autre, j'ai la sensation d'un trou noir, de ne plus savoir où je suis : quel article ? quel client ?'

3. Qui donne le tempo ? 'Dans certaines enseignes, note l'étude, les caissières disposent seulement de trois minutes de pause par heure travaillée. Et le moment des repas est souvent décalé d'un jour sur l'autre.' 'Très humiliant quand on a envie de décompresser ou d'aller aux toilettes, explique l'une d'elles. Il faut demander à la caisse centrale d'inscrire son nom sur la liste, et on attend parfois une heure ; c'est très dur à supporter'. À ce rythme, beaucoup craquent, cassent ou 's'autoexcluent', selon l'euphémisme en vigueur sur le marché de l'emploi. 'Sur une batterie de caisses de 80 personnes, reconnaît le cadre d'un hyper, en moyenne 10 caissières sont malades et certaines disparaissent sans demander leur dû.'

[1] Editions INRS, 1994.

✍ QUESTIONS (4) – CAISSIÈRE D'HYPER : L'ENFER

1. (a) Trouvez dans la première section les mots ou expressions qui montrent que le rapport entre le client et la caissière n'est pas très chaleureux :

   ....

   (b) Citez un exemple dans la première section qui indique que la caissière est toujours occupée :

   ....

2. (a) Relevez dans la deuxième section deux des responsabilités de la caissière:
   (i) ....
   (ii) ....

   (b) Trouvez la phrase dans la deuxième section qui montre que la caissière se sent fatiguée après deux heures de travail :

   ....

3. Comment se fait-il que c'est assez difficile pour une caissière d'aller aux toilettes ? Donnez un détail de la troisième section :

   ....

4. (a) Trouvez des synonymes pour :
   (i) provisions (Section 1) ....
   (ii) se détendre (Section 3) ....

   (b) Selon la troisième section :
   (i) quelques-unes des caissières abandonnent leur emploi sans exiger leur salaire ❐
   (ii) beaucoup de cadres craquent sous la pression ❐
   (iii) à peu près dix caissières disparaissent à cause de la pénurie ❐
   (iv) environ quatre-vingt-dix personnes jouent de la batterie. ❐

5. (a) Citez dans la deuxième section l'exemple d'un :
   (i) participe passé employé comme adjectif au masculin ....
   (ii) infinitif au négatif ....

   (b) Pour chacun des mots soulignés, trouvez le mot auquel il se réfère :
   (i) les (Section 1) ....
   (ii) elles (Section 3) ....

6. Describe the stressful nature of a check-out employee's job. (50 words)

   ....

   ....

LA PRODUCTION ÉCRITE (4) :

Un(e) copain/copine vous informe qu'il/elle va poser sa candidature pour un poste de caissière. Quels conseils lui donneriez-vous ?

(90 mots environ)

LA MONDIALISATION

Pour l'économiste Michel Aglietta, la globalisation crée des richesses, mais aussi des inégalités. À chaque État de les combattre. Sinon, il y aura de graves crises, et un retour au chacun chez soi.*
Propos recueillis par Corinne Lhaïk

'La mondialisation ne profite pas qu'aux autres'

1. L'EXPRESS : La mondialisation, c'est un mot à la mode pour désigner ce qui nous fait peur ?
MICHEL AGLIETTA : Non, c'est un vrai phénomène qui a commencé, il y a cinquante ans, avec le développement du commerce international. Ensuite, il a atteint les entreprises. Aujourd'hui, ce sont les usines qui se déplacent, et plus seulement les marchandises. Les précurseurs de ce mouvement ont été les multinationales américaines, dans les années 60. Le choc pétrolier des années 70 a amplifié cette internationalisation. À ce moment-là, la croissance des pays occidentaux s'est ralentie et les entreprises sont allés chercher des marchés ailleurs. Ensuite, elles se sont efforcées de produire à meilleur coût. Et ces déplacements sont à l'origine de la mondialisation des capitaux. Pour financer leur développement à l'étranger, les entreprises ont cherché et trouvé de l'argent un peu partout dans le monde. Aujourd'hui, cette quête de la rentabilité concerne non seulement quelques grands groupes, mais aussi des entreprises moyennes. Il existe 40 000 entreprises multinationales, contre quelques centaines il y a vingt ans.

2. Vous pensez à Daewoo ?
Bien sûr. L'acquisition envisagée de Thomson multimédia traduit quelque chose de passionnant, l'apparition de multinationales du Sud. Jusqu'à présent, le mouvement se faisait en sens unique : les firmes occidentales investissaient dans les pays en développement. Désormais, des entreprises de ces pays amènent chez nous leurs capitaux, leur manière de produire et des emplois. La notion même de multinationale se banalise. La concurrence se fait dans un espace qui n'a pas de limites. Et, chaque fois qu'un nouveau capitalisme apparaîtra, il secrétera ses propres multinationales. Ce qui se fait en Asie va se poursuivre. L'Amérique latine est en train de décoller. Le Brésil va devenir une très grande puissance et, dans vingt ou trente ans, vous verrez de grosses entreprises brésiliennes partir à la conquête du monde.

3. On a franchement l'impression que les travailleurs des pays développés sont les grands perdants de la mondialisation . . .
Eh bien, on se trompe ! Cette impression dont vous parlez serait justifiée si les pays émergents nous inondaient de leurs produits et ne nous achetaient rien. Or ce n'est pas le cas : ces pays importent autant qu'ils exportent, car ils sont en forte croissance. Globalement, tout le monde y gagne, car le commerce international n'est pas un jeu à somme nulle (les gains des uns équivalent aux pertes des autres), mais un jeu à somme positive : il est créateur de richesses supplémentaires pour tous les pays qui le pratiquent.

4. Le rôle de l'État est donc déterminant ?
Essentiel. Contrairement aux idées reçues, l'État est loin de dépérir. Il conserve les pouvoirs fiscal et budgétaire. Il conserve le pouvoir monétaire, à l'exception des pays européens, qui veulent faire une union monétaire. Mais cet abandon de souveraineté doit donner plus de puissance à ces pays pour gérer le processus de mondialisation.

L'Express

✍ QUESTIONS (5) – LA MONDIALISATION.

1. (a) Relevez dans la première section, les mots ou expressions qui se réfèrent à la mondialisation :

   ....

   (b) Quel évènement a accéléré cette globalisation ?

   ....

2. (a) Citez dans la deuxième section la phrase qui indique que les pays riches amènent leur argent dans les pays pauvres:

   ....

   (b) Selon la troisième section, les pays en voie de développement :
   - (i) vendent plus de produits à l'étranger qu'ils n'en importent. ❐
   - (ii) ont plus d'importations que d'exportations. ❐
   - (iii) ne vendent rien outre-mer mais importent beaucoup. ❐
   - (iv) exportent autant de produits qu'ils en importent. ❐

3. (a) Trouvez dans la troisième section la phrase qui veut dire qu'aucun pays n'est perdant dans le phénomène de globalisation :

   ....

   (b) Selon Michel Aglietta, il résultera de la globalisation que :
   - (i) on pourra acheter des choses moins chères. ❐
   - (ii) on devra faire ses courses au marché. ❐
   - (iii) le coût de vie va augmenter. ❐
   - (iv) les bénéficiaires seront aussi les victimes. ❐

4. (a) Relevez dans la quatrième section la phrase qui montre que le gouvernement garde le contrôle de l'argent dans l'économie :

   ....

   (b) Trouvez dans la première section les mots ou expressions qui veulent dire:
   - (i) les biens ....
   - (ii) de l'ouest ....
   - (iii) les sociétés ....
   - (iv) le profit ....

5. (a) Pour chacun des mots soulignés, trouvez le mot auquel il se réfère :
   - (i) il (Section 1) ....
   - (ii) elles (Section 1) ....
   - (iii) dont (Section 3) ....
   - (iv) il (Section 4) ....

(b) Relevez dans la deuxième section les mots suivants :

(i) un adjectif au masculin singulier . . . .

(ii) un verbe pronominal au présent . . . .

(iii) un infinitif pronominal . . . .

(iv) un adjectif au féminin pluriel . . . .

6. According to the author, in what way does globalisation benefit the world's economies? (50 words)

. . . .

. . . .

LA PRODUCTION ÉCRITE (5) :

'Le marché libre ne marche pas !' Donnez votre opinion sur cet affirmation.

(90 mots environ)

Literary Comprehension Passages

1. READ THE FOLLOWING TEXT AND ANSWER THE QUESTIONS

LA PHOTO DU COLONEL – Ionesco

1. Nous longeâmes quelque temps un parc de gazon, avec, en son centre, un bassin. Puis, de nouveau, les villas, les hôtels particuliers, les jardins, les fleurs. Nous parcourûmes ainsi près de deux kilomètres. Le calme était parfait, reposant : trop, peut-être. Cela en devenait inquiétant.

'Pourquoi ne voit-on personne dans les rues ? demandai-je. Nous sommes les seuls promeneurs. C'est, sans doute, l'heure du déjeuner, les habitants sont chez eux. Pourquoi, cependant, n'entend-on point les rires des repas, le tintement des cristaux ? Il n'y a pas un bruit. Toutes les fenêtres sont fermées !'

2. Nous étions justement arrivés près de deux chantiers récemment abandonnés. Les bâtiments, à moitié élevés, étaient là, blancs au milieu de la verdure, attendant les constructeurs.

'C'est assez charmant ! remarquai-je. Si j'avais de l'argent — hélas, je gagne très peu, — j'achèterais un de ces emplacements ; en quelques jours, la maison serait édifiée, je n'habiterais plus avec les malheureux, dans ce faubourg sale, ces sombres rues d'hiver ou de boue ou de poussière, ces rues d'usines. Ici, ça sent si bon', dis-je, en aspirant un air doux et fort qui soûlait les poumons.

3. 'La police a suspendu les constructions. Mesure inutile, car plus personne n'achète des lotissements. Les habitants du quartier voudraient même le quitter. Ils n'ont pas où loger autre part. Sans cela, ils auraient tous plié bagage. Peut-être aussi se font-ils un point d'honneur de ne pas fuir. Ils préfèrent rester, cachés, dans leurs beaux appartements. Ils n'en sortent qu'en cas d'extrême nécessité, par groupes de dix ou quinze. Et même alors, le risque n'est pas écarté.

— Vous plaisantez ! Pourquoi prenez-vous cet air sérieux, vous assombrissez le paysage ; vous voulez me donner la frousse ?

— Je ne plaisante pas, je vous assure.'

4. Je sentis un coup au cœur. La nuit intérieure m'envahit. Le paysage resplendissant, dans lequel je m'étais enraciné, qui avait, tout de suite, fait partie de moi-même ou dont j'avais fait partie, se détacha, me devint tout à fait extérieur, ne fut plus qu'un tableau dans un cadre, un objet inanimé. Je me sentis seul hors de tout, dans une clarté morte.

'Expliquez-vous ! implorai-je. Moi qui espérais passer une bonne journée !... J'étais si heureux, il y a quelques instants !'

Nous retournions, précisément, au bassin.

'C'est là, me dit l'architecte de la municipalité, là dedans, qu'on en trouve, tous les jours, deux ou trois, de noyés.

— Des noyés ?

— Venez donc vous convaincre que je n'exagère pas.'

✍ QUESTIONS (1) – LA PHOTO DU COLONEL – IONESCO.

1. (a) Trouvez dans la première section les mots / expressions qui montrent que l'auteur s'inquiétait en marchant dans ce quartier :

   ....

   (b) Citez dans la deuxième section une phrase qui indique que les constructeurs n'avaient pas fini leur travail :

   ....

2. Relevez dans la deuxième section les mots / expressions qui montrent que l'auteur n'aime pas le faubourg où il habite :

....

3. (a) Selon la troisième section :
   (i) personne n'achète pas de billets pour le gros lot. ❐
   (ii) tout le monde achète des appartements. ❐
   (iii) les habitants veulent partir du quartier. ❐
   (iv) personne n'achète plus d'habitations. ❐

   (b) Quel(s) détail(s) dans la troisième section nous fait penser que les résidents ne sortent guère de chez eux sauf en cas d'absolue nécessité :

   ....

   (c) Trouvez dans la troisième section les mots / expressions qui montrent que l'auteur croit que son compagnon est trop pessimiste :

   ....

4. (a) Quel détail montre que son compagnon ne rigole pas (Section 3):

   ....

   (b) Trouvez les mots / expressions qui veulent dire ;
   (i) les grandes maisons privées en ville (Section 1) ....
   (ii) demi-bâti (Section 2) ....
   (iii) construite (Section 2) ....
   (iv) rigolez (Section 3) ....

5. Pour chacun des mots soulignés, trouvez dans le texte le mot auquel il se réfère :
   (i) ils (Section 3) ....
   (ii) en (Section 3) ....
   (iii) dont (Section 4) ....
   (iv) qui (Section 4) ....

6. How does the author create the atmosphere of fear in this unfortunate suburb? (50 words)

....

....

....

PRODUCTION ÉCRITE (1) :

Pensez-vous que la vie en banlieue soit trop dangereuse ?

(90 mots environ)

2. READ THE FOLLOWING TEXT AND ANSWER THE QUESTIONS

Le Mur

par Jean-Paul Sartre

1. On nous poussa dans une grande salle blanche, et mes yeux se mirent à cligner parce que la lumière leur faisait mal. Ensuite, je vis une table et quatre types derrière la table, des civils, qui regardaient des papiers. On avait massé les autres prisonniers dans le fond et il nous fallut traverser toute la pièce pour les rejoindre. Il y en avait plusieurs que je connaissais et <u>d'autres</u> qui devaient être étrangers. <u>Les deux</u> qui étaient devant moi étaient blonds avec des crânes ronds; ils se ressemblaient: des Français, j'imagine. Le plus petit remontait tout le temps son pantalon : c'était nerveux.

2. Ça dura près de trois heures ; j'étais abruti et j'avais la tête vide ; mais la pièce était bien chauffée et je trouvais ça plutôt agréable : depuis vingt-quatre heures, nous n'avions pas cessé de grelotter. Les gardiens amenaient les prisonniers l'un après l'autre devant la table. Les quatre types leur demandaient alors leur nom et leur profession. La plupart du temps ils n'allaient pas plus loin — ou bien alors ils posaient une question par-ci, par-là : 'As-tu pris part au sabotage des munitions ?' Ou bien : 'Où étais-tu le matin du 9 et que faisais-tu ?' <u>Ils</u> n'écoutaient pas les réponses ou du moins ils n'en avaient pas l'air : ils se taisaient un moment et regardaient droit devant <u>eux</u> puis ils se mettaient à écrire. Ils demandèrent à Tom si c'était vrai qu'il servait dans la Brigade internationale : Tom ne pouvait pas dire le contraire à cause des papiers qu'on avait trouvés dans sa veste. À Juan ils ne demandèrent rien, mais, après qu'il eut dit son nom, ils écrivirent longtemps.

3. – C'est mon frère José qui est anarchiste, dit Juan. Vous savez bien qu'il n'est plus ici. Moi je ne suis d'aucun parti, je n'ai jamais fait de politique.

Ils ne répondirent pas. Juan dit encore :

– Je n'ai rien fait. Je ne veux pas payer pour les autres.

Ses lèvres tremblaient. Un gardien le fit taire et l'emmena. C'était mon tour :

– Vous vous appelez Pablo Ibbieta ?

Je dis que oui.

4. Le type regarda ses papiers et me dit :

– Où est Ramon Gris ?
– Je ne sais pas.
– Vous l'avez caché dans votre maison du 6 au 19.
– Non.

Ils écrivirent un moment et les gardiens me firent sortir. Dans le couloir Tom et Juan attendaient entre deux gardiens. Nous nous mîmes en marche. Tom demanda à un des gardiens :

– Et alors ?
– Quoi ? dit le gardien.
– C'est un interrogatoire ou un jugement ?
– C'était le jugement, dit le gardien.
– Eh bien ? Qu'est-ce qu'ils vont faire de nous ?

Le gardien répondit sèchement :

– On vous communiquera la sentence dans vos cellules.

✍ QUESTIONS (2) – LE MUR — JEAN PAUL SARTRE

1. (a) Quel détail dans la première section nous montre que la lumière était trop forte pour Pablo ?

   ....

   (b) Relevez dans la première section les mots / expressions qui indiquent qu'un des prisonniers était inquiet :

   ....

2. (a) Dans la deuxième section, trouvez deux détails qui montrent que les juges ne s'intéressaient pas aux réponses des prisonniers :

   (i) ....

   (ii) ....

   (b) Pourquoi est-ce que Tom ne pouvait pas nier qu'il était membre de la Brigade Internationale ?

3. (a) Pourquoi, d'après la troisième Section, est-ce que Juan trouve son jugement injuste ?

   ....

   (b) Trouvez dans la quatrième section un example d'un verbe au Passé Simple.

   ....

4. Selon la quatrième section, les juges croient que :

   (i) Pablo est vraiment Ramon Gris. ❐

   (ii) Ramon Gris était resté chez Pablo. ❐

   (iii) Tom et Juan attendaient dans le jardin. ❐

   (iv) Il y aurait un interrogatoire dans la cellule. ❐

5. (a) Trouvez dans la deuxième section, des expressions qui veulent dire :

   (i) participé ....

   (ii) ils restaient silents ....

   (b) Pour chacun des mots soulignés, trouvez le mot auquel il se réfère :

   (i) d'autres (Section 1) ....

   (ii) Les deux (Section 1) ....

   (iii) ils (Section 2) ....

   (iv) eux (Section 2) ....

6. Develop the theme of mistreatment of prisoners of war in this text. (50 words)

   ....

   ....

PRODUCTION ÉCRITE (2) :

Apres avoir lu cet article, croyez-vous qu'Amnesty International poursuit une cause justifiable ? Est-ce que cela vaut la peine ?

(90 mots environ)

3. READ THE FOLLOWING TEXT AND ANSWER THE QUESTIONS

L'HOMME DE MARS

MAUPASSANT

1. J'étais en train de travailler quand mon domestique annonça :

'Monsieur, c'est un monsieur qui demande à parler à Monsieur – Faites entrer.'

J'aperçus un petit homme qui saluait. Il avait l'air d'un chétif maître d'études à lunettes, dont le corps fluet n'adhérait de nulle part à ses vêtements trop larges.

Il balbutia :

Je vous demande pardon, Monsieur, bien pardon de vous déranger.

Je dis.

'Asseyez-vous, Monsieur.'

Il s'assit et reprit :

'Mon Dieu, Monsieur, je suis très troublé par la démarche que j'entreprends. Mais il fallait absolument que je visse quelqu'un, il n'y avait que vous . . . que vous . . . Enfin, j'ai pris du courage . . . mais vraiment . . . je n'ose plus.

2. – Osez donc, Monsieur.

– Voilà, Monsieur, c'est que, dès que j'aurai commencé à parler, vous allez me prendre pour un fou.

– Mon Dieu, Monsieur, cela dépend de ce que vous allez me dire.

– Justement, Monsieur, ce que je vais vous dire est bizarre. Mais je vous prie de considérer que je ne suis pas fou, précisément par cela même que je constate l'étrangeté de ma confidence.

– Eh bien, Monsieur, allez.

– Non, Monsieur, je ne suis pas fou, mais j'ai l'air fou des hommes qui ont réfléchi plus que les autres et qui ont franchi un peu, si peu, les barrières de la pensée moyenne. Songez donc, Monsieur, que personne ne pense à rien dans ce monde. Chacun s'occupe de ses affaires, de sa fortune, de ses plaisirs, de sa vie enfin, ou de petites bêtises amusantes comme le théâtre, la peinture, la musique ou de la politique, la plus vaste des niaiseries, ou de questions industrielles. Mais qui donc pense ? Qui donc ? Personne ! Oh ! je m'emballe ! Pardon. Je retourne à mes moutons.

3. 'Voilà cinq ans que je viens ici, Monsieur. Vous ne me connaissez pas, mais moi je vous connais très bien . . . Je ne me mêle jamais au public de votre plage ou de votre casino. Je vis sur les falaises, j'adore positivement ces falaises d'Étretat. Je n'en connais pas de plus belles, de plus saines. Je veux dire saines pour l'esprit. C'est une admirable route entre le ciel et la mer, une route de gazon, qui court sur cette grande muraille, au bord de la terre, au-dessus de l'Océan. Mes meilleurs jours sont ceux que j'ai passés, étendu sur une pente d'herbes, en plein soleil, à cent mètres au-dessus des vagues, a rêver. Me comprenez-vous ?

- Oui, Monsieur, parfaitement.
- Maintenant, voulez-vous me permettre de vous poser une question ?
- Posez, Monsieur.
- Croyez-vous que les autres planètes soient habitées ?'

Je répondis sans hésiter et sans paraître surpris :

'Mais, certainement, je le crois.'

✍ QUESTIONS (3) – L'HOMME DE MARS – MAUPASSANT

1. (a) Donnez un détail de la première section qui indique que l'homme, présenté par le domestique, était mal vétu :

. . . .

(b) Citez dans la première section la phrase qui montre que le petit homme avait peur d'en dire plus :

. . . .

2. Selon la deuxième section, les hommes ne pensent qu'à des choses peu intéressantes. Donnez trois exemples :

(i) ....

(ii) ....

(iii) ....

3. Trouvez dans la deuxième section les mots ou expressions qui veulent dire :

(i) idiot ....

(ii) ont considéré ....

4. (a) Comment savons-nous que le petit homme n'est pas sociable ? (Section 3)

(b) Trouvez deux détails dans la troisième section qui prouvent que le petit homme aime habiter près de la mer :

(i) ....

(ii) ....

5. (a) Relevez dans la première section :

(i) un pronom relatif ....

(ii) un verbe à l'impératif ....

(b) Pour chacun des mots soulignés, trouvez le mot auquel il se réfère :

(i) dont (Section 1) ....

(ii) que (Section 1) ....

(iii) qui (Section 2) ....

(iv) en (Section 3) ....

6. Describe the emotional state of the visitor throughout the recounting of his experience. (50 words)

PRODUCTION ÉCRITE (3) :

'Chacun s'occupe de ses affaires, de sa fortune, de ses plaisirs . . . '
Êtes-vous d'accord avec cette affirmation ? L'homme, est-il si égoïste ?

(90 mots environ)

4. READ THE FOLLOWING TEXT AND ANSWER THE QUESTIONS

À LA CITÉ UNIVERSITAIRE. VEILLE D'EXAMENS

1. 'Examens !'

Le mot est monté dans le 'bus' en même temps que Catherine. Depuis une semaine, il refuse de la lâcher. Tout Paris, semble-t-il, prépare des examens. Le cordonnier, la blanchisseuse s'informent : 'C'est pour quand ?' avec, dans la voix, un mélange de respect et de pitié. Le Directeur du Collège Néerlandais distribue chaque matin une manne[1] de sourires et de recommandations : 'Vous sentez-vous prêts ? Ne vous énervez pas.' Catherine a reçu de sa mère une lettre lui conseillant 'd'éviter les nuits blanches, de surveiller son intestin, et de revêtir pour le grand jour le tailleur noir qu'elle s'obstine à dédaigner'. Enfin, l'abbé Lebeau a parlé des devoirs de l'étudiant chrétien et rappelé qu'il ne fallait pas oublier Dieu, ni avant ni après l'épreuve.

2. Mais personne ne prend les examens avec autant de sérieux que l'étudiant. Il oublie qu'il était amoureux, écrivait des vers, souffrait des dents, se passionnait de politique : il oublie de manger, de se raser, de changer de chemise, il oubile de respirer, mais ses poumons s'en souviennent et absorbent la fumée de ses cigarettes ; il oublie de marcher, mais ses jambes intelligentes le conduisent, à travers les autos et les cyclistes, jusqu'à l'examinateur. (. . .) Pourquoi cette ferveur ? Parce que l'étudiant ne joue pas seulement ses vacances, sa bourse, son séjour à la Cité (qui expulse au deuxième échec), son avenir, mais sa raison d'être même. Pendant tout un hiver, il a porté le titre d'étudiant. Y avait-il droit ? A-t-il étudié ? La chute dans le néant le guette. Cette menace lui inspire la force d'avaler, mâcher, ruminer des kilos de papier. (. . .)

3. Depuis jeudi soir, Daniel n'a dormi que quelques heures. Il compte achever ses études par une éblouissante victoire. Maurice maigrit, Annette pâlit, un bouton de fièvre pique la lèvre de Catherine. Une rage de travail empoisonne la splendeur de cette fin de printemps.

À l'extérieur de la Cité, hors de la protection des grilles brodées de lierre, le cœur accélère ses battements. Des plans, des aide-mémoire, des schémas remplacent les dictionnaires et les encyclopédies. Jusqu'à la dernière minute, Catherine picore des graines de savoir : une date, une citation. Elle a déjà présenté deux certificats : celui d'histoire du XXe siècle et celui de géographie humaine. Contrairement à ses prévisions, elle a réussi le premier et failli être collée[2] au second.

'Des chiffres, donnez-moi des chiffres', l'interrompit le professeur de géographie humaine, alors qu'il avait répété maintes fois (Catherine l'entend encore) que les chiffres ne prouvaient rien, que les statistiques se pliaient aux caprices des plus futiles hypothèses.

Il avait coupé un éloquent plaidoyer de Catherine en faveur de la nationalisation du sol par un[3] :

'Citez-moi quelques faits concrets.'

D'après E. Trévol.
Cité Universitaire. Julliard.

1. C'est la nourriture qui fut envoyée par Dieu aux Hébreux dans le désert. Ici, sens figuré : provision, abondance nourricière.
2. Argot d'étudiant : échouer à l'examen.
3. Article neutre = une observation brutale (exprimée par les mots suivants).

✍ QUESTIONS (4) – LA CITE UNIVERSITAIRE : VEILLE D'EXAMENS

1. (a) Trouvez dans la première section une phrase qui veut dire que les examens sont le sujet de la conversation de tout le monde :

   ....

   (b) La mère de Catherine conseille à sa fille de :
   - (i) se coucher tôt ❒
   - (ii) se faire examiner l'intestin ❒
   - (iii) surveiller ses études ❒
   - (iv) s'habiller. ❒

2. (a) Relevez dans la deuxième section trois choses que l'étudiant oublie de faire à cause de la pression des études :
   - (i) ....
   - (ii) ....
   - (iii) ....

   (b) Relevez dans la deuxième section deux réactions de l'étudiant face à la menace de l'échec :
   - (i) ....
   - (ii) ....

3. (a) Comment est-ce que Catherine se prépare pour ses examens ? Donnez un exemple pris dans la troisième section :

   ....

   (b) Relevez dans la troisième section la phrase qui indique qu'un des étudiants perd du poids :

   ....

4. (a) Selon la troisième section, Catherine :
   - (i) a échoué à ses deux examens ❒
   - (ii) a échoué au premier examen, mais a été reçue au deuxième ❒
   - (iii) a été reçue aux deux examens ❒
   - (iv) a failli réussir le deuxième examen. ❒

   (b) Trouvez dans le texte des synonymes pour les mots/expressions suivants :
   - (i) l'examen (Section 1) ....
   - (ii) il a l'intention de finir (Section 3) ....
   - (iii) ce qu'on prévoit (Section 3) ....

5. (a) Trouvez dans la troisième section l'exemple d'un :
   - (i) infinitif comme nom masculin ....
   - (ii) prénom démonstratif ....

(b) Pour chacun des mots soulignés, trouvez le nom auquel il se réfère :
   (i) lui (Section 1) ....
   (ii) il (Section 2) ....
   (iii) y (Section 2) ....
   (iv) celui (Section 3) ....

6. With reference to the text, what comments, do you think, is the author making about examinations? ....
....(50 words)

PRODUCTION ÉCRITE (4) :

Croyez-vous qu'il faut changer de notre système de l'éducation ? Peut-être le contrôle continu ? **(90 mots environ)**

5. READ THE FOLLOWING TEXT AND ANSWER THE QUESTIONS

LES PETITS ENFANTS DU SIÈCLE

1. C'était encore une fois le printemps. Il y avait un lilas dans les derniers jardinets que la Cité n'avait pas encore bouffés. Quand je revenais de l'école je <u>le</u> voyais, mais je ne disais rien, les autres filles se seraient payé ma tête.

Le seul moment où je pouvais me promener tranquille, c'était les courses. À cause de ça, jamais je ne renâclais dessus ; d'ailleurs personne n'essayait de me les disputer, l'habitude était prise, on n'y pensait même plus. Je traînais, autant que je pouvais pour éviter l'engueulade, en augmentant peu à peu à mesure que les jours allongeaient.

2. L'autobus s'arrête juste devant la Cité, et les gens qui reviennent de leur travail en descendent tous en tas, à l'heure où je vais aux commissions ; c'est toujours à peu près les mêmes têtes que je vois, à force ; je <u>les</u> reconnais. On se reconnaît tous, mais on ne le montre pas ; simplement on se dit 'tiens, je suis en retard', ou 'je suis juste en avance', ou 'je suis juste', selon la charretée qui se déverse devant la porte.

Un soir, un homme qui descendait de l'autobus me regarda et me sourit. Il traversa l'avenue vers les grands blocs, et se retourna pour me regarder. Je me demandais pourquoi cet homme m'avait souri, car justement <u>celui-là</u> je ne l'avais jamais vu. C'était bizarre et j'y repensai, et puis il m'arrivait tellement peu de choses que le plus petit détail me restait. Par la suite, je revis cet homme, et chaque fois il me regardait.

3. Un jour, en revenant des commissions, je le croisais carrément. J'avais deux bouteilles de vin, une d'eau, et le lait, plus le pain sous le bras.

'C'est bien lourd pour toi tout ça, me dit-il comme si on se connaissait. Tu veux que je te le porte ?

– Oh ! je suis arrivée, dis-je, c'est là que j'habite.

– Dommage, dit-il. Moi, j'habite là, ajouta-t-il en montrant les grands blocs. Pour l'instant. Je te vois souvent, en train de porter tes filets. Tu as beaucoup de travail ?

– Oui. Voilà, je suis arrivée.

– Tant pis, et il me rendit le filet. À bientôt peut-être ?'

Il traversa l'avenue et me fit un signe de la main.

4. Je le rencontrai plus souvent. Je regardais les autobus, mais il devait arriver plus tôt, car je le croisais sur l'avenue : peut-être qu'il m'attendait ; on faisait quelques pas ensemble ; il prenait mon filet ; il arriva qu'on dépasse la Cité, tout en parlant, qu'on prenne la petite rue qui contourne les maisons vers les jardinets.

✍ QUESTIONS (5) – LES PETITS ENFANTS DU SIÈCLE

1. (a) Selon la première section quand est-ce que la narratrice se sent bien à l'aise en se promenant ?

   ....

   (b) Relevez l'expression dans la première section qui montre qu'on se moquerait de la narratrice ?

   ....

2. (a) Dans la deuxième section, trouvez les mots ou expressions qui veulent dire :

   (i) je fais des courses ....

   (ii) les immeubles ....

   (b) D'après la deuxième section, pourquoi est-ce que la narratrice a été étonnée quand l'homme l'a regardée et a souri ?

3. (a) Trouvez dans la troisième section un exemple d'un :

   (i) verbe au subjonctif au présent ....

   (ii) participe présent ....

   (b) Relevez deux détails dans la quatrième section qui indiquent que l'homme et la narratrice s'entendent bien :

   (i) ....

   (ii) ....

4. (a) Dans la troisième section, quel détail montre que l'homme veut aider la narratrice. ....

   (b) Comment savons-nous qu'il habite un grand immeuble ?

   ....

5. Pour chacun des mots soulignés, trouvez le nom auquel il se refère :

   (i) le (Section 1) ....

   (ii) les (Section 2) ....

   (iii) celui-là (Section 2) ....

6. Describe how the relationship between the two central characters develops throughout this passage. ....

   .... (50 words)

PRODUCTION ÉCRITE (5):

Croyez-vous que les 'grands blocs', ou les HLM, fournissent un cadre de vie convenable ?

(90 mots environ)

6. READ THE FOLLOWING TEXT AND ANSWER THE QUESTIONS

LA GLOIRE DE MON PÈRE

MARCEL PAGNOL

1. Au bout d'une petite heure de marche, notre chemin en coupa un autre, à travers une sorte de place ronde, parfaitement vide : mais dans le creux de l'un des quarts de cercle, il y avait un banc de pierre. Ma mère y fut installée et mon père déplia son plan :

– Voilà, dit-il, l'endroit où nous avons quitté le tramway. Voilà l'endroit où nous sommes en ce moment, et voilà le carrefour des Quatre-Saisons où notre déménageur nous attend, à moins que nous ne soyons obligés de l'attendre.

Je regardai avec étonnement le trait double qui figurait notre chemin : il faisait un détour immense.

– Les cantonniers sont fous, dis-je, d'avoir fait une route aussi tordue !

– Ce ne sont pas les cantonniers qui sont fous, dit mon père, c'est notre societé qui est absurde.

– Pourquoi ? demanda ma mère.

– Parce que cet immense détour nous est imposé par quatre ou cinq grandes propriétés, que le chemin n'a pu traverser, et qui s'étendent derrière ces murs…

Voici, dit-il, en montrant un point sur la carte, notre villa… À vol d'oiseau, elle est à quatre kilomètres de la Barasse… Mais à cause de quelques grands propriétaires, il va falloir en faire neuf.

2. – C'est beaucoup pour les enfants, dit ma mère. Mais moi je pensais que c'était beaucoup pour elle. C'est pourquoi, lorsque mon père se leva pour repartir, je demandai encore quelques minutes de grâce, en prétextant une douleur dans la cheville.

Nous marchâmes encore une heure, le long des murs entre lesquels nous étions forcés de rouler comme les billes des jeux de patience…

Paul allait recommencer la chasse aux queues des larmeuses, mais ma mère l'en dissuada, par quelques paroles pathétiques qui lui mirent les larmes aux yeux : il remplaça donc ce jeu cruel par la capture de petites sauterelles, qu'il écrasait entre deux pierres.

Cependant, mon père expliquait à ma mère que dans la société future, tous les châteaux seraient abattus, et tous les chemins tracés au cordeau.

3. – Alors, dit-elle, tu veux recommencer la révolution ?

– Ce n'est pas une révolution qu'il faut faire. Révolution, c'est un mot mal choisi, parce que ça veut dire un tour complet. Par conséquent, ceux qui sont en haut descendent jusqu'en bas, mais ensuite ils remontent à leur place primitive… et tout recommence. Ces murs injustes n'ont pas été faits sous l'ancien régime : non seulement notre République les tolère, mais c'est elle qui les a construits !

J'adorais ces conférences politico-sociales de mon père, que j'interprétais à ma façon, et je me demandais pourquoi le Président de la République n'avait jamais pensé à l'appeler, tout au moins pendant les vacances, car il eût fait en trois semaines le bonheur de l'humanité.

Notre chemin déboucha tout à coup sur une route beaucoup plus large, mais qui n'était pas mieux entretenue.

✍ QUESTIONS (6) – LA GLOIRE DE MON PÈRE

1. (a) Dans la première section, le narrateur et son père accusent deux sources différentes d'être responsables pour l'agencement des routes. Lesquelles ?

SOURCE
Narrateur :
Père :

(b) Dans la première section, trouvez les mots ou expressions qui montrent qu'on a construit une route qui n'est pas étroite :

. . . .

2. (a) Selon la deuxième section, le narrateur ne voulait pas repartir parce qu'il :

(i) avait mal à la cheville ❐
(ii) n'aimait pas son père ❐
(iii) s'inquiétait pour sa mère ❐
(iv) voulait jouer aux billes. ❐

(b) Trouvez dans la deuxième section, deux exemples de changements que le père prévoit pour l'avenir :

(i) . . . .

(ii) . . . .

3. (a) D'après le père, une révolution est inutile parce que :

(i) les chefs retournent à la longue au pouvoir ❐
(ii) les révolutionaires sont mal choisis ❐
(iii) les révolutions sont primitives ❐
(iv) la République tolère l'ancien régime. ❐

(b) Relevez dans la troisième section, les mots suivants :

(i) un prénom démonstratif
(ii) un participe passé au pluriel
(iii) un pronom objet direct
(iv) un verbe au passé simple.

4. Trouvez dans le texte des synonymes pour :

(i) ceux qui construisent les routes (Section 1) . . . .

(ii) en faisant semblant (Section 2) . . . .

(iii) il tuait (Section 2) . . . .

(iv) soudain (Section 3) . . . .

5. The father of this family is a domineering character. How does the author develop this trait of character?

. . . .

. . . .

(50 words)

PRODUCTION ÉCRITE (6) :

Le père du narrateur dit que 'la société est absurde'. Êtes-vous d'accord ?

(90 mots environ)

7. READ THE FOLLOWING TEXT AND ANSWER THE QUESTIONS.

13 août

IBM DÉVOILE LE 1ER MICRO-ORDINATEUR

1. Elle a commencé en 1973, quand deux ingénieurs français, François Gernelle et Antoine Truong, ont conçu le Micral. Un boîtier anonyme, sans écran ni clavier, avec quelques tubes et boutons, fabriqué pour l'Inra afin de mesurer le degré d'évaporation des champs de maïs. Avec une innovation : il est le premier à intégrer un «microprocesseur», un transistor de nouvelle génération, miniaturisé et bon marché, conçu à l'origine pour les montres électroniques. La presse spécialisée américaine n'a pas manqué l'événement, inventant pour l'occasion un nouveau mot, microcomputer, en français, micro-ordinateur.

2. Trois ans plus tard, aux États-Unis, suit l'Altair 8800. Comme le Micral, c'est une simple boîte métallique pourvue d'écran, de clavier et de logiciel, et se monte avec un fer à souder. Le tout pour 398$. Un bijou pour les chercheurs, ingénieurs et autres bidouilleurs. Mais quel rapport avec les super-ordinateurs qu'IBM vend 100 fois plus cher aux banques ou constructeurs automobiles ?

L'Apple II, un miracle d'ingéniosité dû à deux jeunots, va faire un carton!

3. Sûr de lui, Bill Lowe poursuit et déroule la liste de ces petites entreprises qui, depuis 1976, multiplient les innovations. Amiga, Tandy, Commodore, Sinclair ou Apple livrent des engins avec un clavier et un écran sur lequel les résultats s'affichent sous forme de lignes. À l'heure où Bill Lowe tente de convaincre l'état-major d'IBM, l'appareil le plus abouti est l'Apple II. Doté d'un lecteur de disquettes, il offre aux utilisateurs un traitement de texte grand public, un tableur, et même un jeu de donjons et dragons, *Wizardry*. Le tout pour 1195$, un prix qui le rend abordable aux petites entreprises ou aux familles aisées. On doit ce miracle d'ingénioste à deux jeunots : Stephen Wozniak, 27 ans, et Steven Jobs, 22 ans. En 1979, ils ont vendu 35 000 Apple II, soit 400% d'augmentation par rapport à l'année précédente.

4. On murmure que leur entreprise, qui compte déjà 250 salariés et totalise plusieurs dizaines de millions de dollars de chiffres d'affaires, devrait entrer en Bourse à la fin de l'année 1980. Il n'y a aucun doute, répète Bill Lowe : le succès de l'Apple II announce une révolution dans le secteur de l'informatique individuelle. Or, à ce jour, IBM n'a aucun concurrent à *lui* opposer! Le marché des micro-ordinateurs est minuscule, objectent les hommes en gris.

✍ QUESTIONS (7) – IBM DÉVOILE LE 1ER MICRO-ORDINATEUR

1. (i) Quelle phrase dans la première section montre que tout le monde peut acheter un ordinateur ?

....

(ii) Donnez deux détails pour décrire le nouvel ordinateur :

....

2. (i) Quelle phrase dans la deuxième section indique que cet ordinateur n'est pas cher ?

....

(ii) Selon la deuxième section, qu'est-ce que manque l'ordinateur?

....

3. (i) Relevez dans la troisième section une phrase qui indique que de plus en plus de gens ont les moyens de s'acheter un ordinateur.

....

(ii) Comment savons-nous que les deux jeunots ont eu la réussite?

....

4. Relevez les mots qui veulent dire: 'le revenu d'une entreprise'.

....

5. (i) Trouvez dans la quatrième section un exemple d'un verbe au Conditionnel.

....

(ii) Trouvez le nom auquel se réfère le pronom souligné.

....

(iii) Relevez le nom qui veut dire «où on achète et vend des actions» (Section 4)

....

6. Explain how computers became accessible to the ordinary family.

(50 words)

PRODUCTION ÉCRITE (7) :

Les ordinateurs sont nos maîtres. Êtes-vous d'accord ?

(90 mots)

8. READ THE FOLLOWING TEXT AND ANSWER THE QUESTIONS.

LA ROUMANIE

Un Roumanien explique la précarité sociale en Roumanie

1. Avec 50 euros de salaire pour dix jours officiels de travail et 85 euros pour le salaire minimum, difficile, voire impossible d'imaginer simplement se nourrir quotidiennement. Marché oblige, les tarifs appliqués dans les magasins alimentaires sont les mêmes qu'en France. Depuis deux ans, Maria n'a pas réglé ses impôts fonciers, le prix à payer pour que ses enfants et petits enfants presque tous réunis chez elle, puissent se nourrir chaque jour. Mais Maria trahit son inquiétude, sa lassitude aussi. Les enfants sont bruyants, trop nombreux dans un lieu prévu pour deux.

2. Les tensions sont parfois vives entre des adultes aujourd'hui incapables de subvenir à leurs besoins et contraints, du fait de la loi et leur pauvreté, de rester sur le sol roumain. «*C'est un cercle vicieux*» confie Marcel. À vingt ans, marié à la petite fille de Maria, père de Ricardo et Yasmina âgés respectivement de trois ans et d'un an et demi, il étouffe. Marcel souffre. «*Nous sommes contraints de vivre ici je ne trouve pas de travail. Il y a des réductions de personnel pour les Roumains un peu partout alors en tant que Rom, j'ai de plus en plus de problèmes.*»

3. Pourtant Marcel parle couramment le roumain et l'anglais mais rien n'y fait. De temps en temps, il trouve des réparations à effectuer sur des voitures. De quoi assurer l'achat du lait, du pain et du bois pour se chauffer. Rien d'autre. Les 36 euros pour se rendre à Timisoara à 50 kilomètres de là et valider son passeport, il ne <u>les</u> a pas. Ne pourra, à moins d'un travail durable, les économiser. Pas possible dans ces conditions d'imaginer partir trois mois en France. La France où il sait qu'en vendant les journaux des sans abri, il pourra gagner jusqu'à 250 euros, une somme plus que suffisante même en France pour vivre sur un terrain.

4. Marcel n'est pas un idéaliste. Il sait qu'en France comme partout ailleurs il y a des expulsions mais, comme il l'explique lui-même, «*Ici on peut mourir de faim si on ne travaille pas.*» Marcel a peur. Il veut une vie normale pour ses enfants, souhaite les voir à l'école. «*Je ne veux pas que l'on me regarde avec pitié et que l'on juge mes enfants parce qu'ils sont pauvres.*»

✍ QUESTIONS (8) – LA ROUMANIE

1. (i) Trouvez la phrase, dans la première section, qui montre qu'il est très difficile de survivre en Roumanie:

   ....

   (ii) Relevez, dans cette section, une phrase qui veut dire «les prix»:

   ....

2. (i) Montrez que Maria n'a pas payé de taxes depuis assez longtemps (Section 1):

. . . .

(ii) Citez une phrase qui indique que Maria ne se sent pas bien à l'aise (Section 1):

. . . .

3. (i) Trouvez une phrase qui montre qu'il n'y pas assez d'espace chez Marcel (Section 1):

. . . .

(ii) Dans la deuxième section, trouvez les mots qui veulent dire qu'ils ne peuvent pas partir de Roumanie:

. . . .

4. (i) Dans la troisième section, comment est-ce que Marcel gagne un peu d'argent?

. . . .

(ii) Trouvez dans cette section un exemple d'un participe présent:

. . . .

5. (i) Montrez dans la quatrième section que Marcel désire un meilleur niveau de vie pour sa famille (un point).

. . . .

(ii) Dans la troisième section, pour le pronom souligné, trouvez le nom auquel il se réfère:

. . . .

6. Outline the difficulties faced by these Romanians in their efforts to leave Romania. Give two points.

(50 words)

PRODUCTION ÉCRITE (8):

Trop d'immigrés provoquent plus de racisme. Êtes-vous d'accord ?

(90 mots)

Section 4 – Written Assignments

Production Écrite

FORMAT

1. This section deals with the written assignments whereby you must 'produce' your own ideas in French.
2. You must answer THREE questions – Question 1 (which is compulsory) and TWO of Questions 2, 3 and 4.
3. For Question 1, you are expected to write about 90 words. The other two questions require about 75 words.
4. Question 1 relates to the Journalistic and Literary Comprehensions. You are most likely to be asked to write an opinion based on the theme of the Comprehension that you just answered, but relating to your own experience. You will have an option of TWO questions within Question 1. There is a question based on **both** Comprehension pieces. You choose one question from either piece.
5. Question 2 offers you a choice of three assignments. (Two will appear on the paper – you answer ONE.) They are likely to be a:
   (a) diary entry
   (b) fax / e-mail or note
   (c) letter (formal / informal).
6. Question 3 asks you to give your reaction (your opinion) to a:
   (a) newspaper title (i.e. a headline)
   (b) short extract
   (c) picture.
   Again, two of the above items will appear on the paper. You answer ONE.
7. Question 4 requires you to react to:
   (a) a short prose article
   (b) a chart
   (c) tables
   (d) a cartoon or picture.
   You answer one of two questions which appear in Question 4.
8. The 'Production Écrite' section carries 100 marks, that is, 25% of the whole examination.

The outline of marks for the 2006 paper were:

Q.1. (a) and (b)

Communication	20 marks
Language	20 marks

Q.2. Each of the points asked must be dealt with. Some development is required, but not all the points have to be developed to the same extent. If you leave out any of the points, your marks for communication and language will be reduced proportionately. For example, if you leave out 1 of 4 points asked, then you automatically lose 25% of the marks for that question.

(a) Diary Entry:

Communication	15 marks
Language	15 marks

(b) Letter:

Layout	6 marks
Fulfilling communicative tasks	12 marks
Language	12 marks

NOTE: **Layout:**

Top of page (i.e. Addresses, date, etc.)	3 marks
Opening (Monsieur) and signing off	3 marks

For 'Opening' the following are accepted:

'*Monsieur le Directeur ; Madame ; Madame la Directrice ; Monsieur / Madame*'.

Q.3. (a) and (b)

Communication	15 marks
Language	15 marks

Q.4. (a) and (b)

Communication	15 marks
Language	15 marks

Thus the total marks for Production Écrite are:

40 marks (Question 1) + 30 marks + 30 marks (Questions 2, 3, and 4) = 100 marks

TIPS

- The section is formidable for two main reasons. First, you are, in fact, translating English into French, because you are thinking in English, and then you have to find the correct words in French. Secondly, finding words is hard enough, but then you must know how to convert them into the style, idiom and grammar of French.

- One very good method of perfecting the technique of productive writing is practice. That is not as simplistic as it seems. When you are writing an opinion, letter or note for homework, you may find that you are employing the same phrases regularly. Therefore the more you use a definite list of phrases, the quicker they come to mind in an exam. You cannot afford the waste of time associated with looking at the ceiling searching for an apt phrase here or a suitable idiom there.
- You are strongly advised to keep your sentences relatively short, while incorporating basic ideas with some good expressions.
- So the point is to acquire a list of words, idioms and phrases which you feel can be used in almost any task which is put before you. Then practise them frequently.

1. Use fewer *clichés,* e.g., *La situation laisse beaucoup à desirer.* The situation leaves a lot to be desired.

2. There is a serious shortage of adjectives! Too often the 'easy' adjectives like *bon* and *sympa* are relied upon to cover a variety of people and places. You should also try:
   - ➢ *Le patron était très **serviable**.* The owner was very obliging / willing to help.
   - ➢ *La direction de l'hôtel était **arrangeante**.* The hotel management were accommodating.
   - ➢ *La traversée était **agréable**.* The crossing was pleasant.
   - ➢ *C'est un type **génial** !* He's a fantastic bloke!
   - ➢ *C'est un bâtiment **laid**.* It's an ugly building.
   - ➢ *Le gouvernement a fait un effort **lamentable**.* The government made a deplorable effort.
   - ➢ *C'est un stage **dur**.* It's a tough course.
   - ➢ *Ce roman est **passionnant** et **émouvant**.* This novel is exciting and moving.
   - ➢ *Le paysage du Connemara est **sauvage**.* The Connemara countryside is wild.
   - ➢ *Le coût de vie est **inquiétant**.* The cost of living is worrying.
   - ➢ *Je prends des repas **sains** et **équilibrés**.* I eat healthy and balanced meals.
   - ➢ *Nous avons des voisins **amicaux**.* We have friendly neighbours.

The list goes on. You really have to build up a store of these adjectives for your own use, and to practise them.

3. Misuse of *D'accord* and *Ça va.*
   - *On peut se retrouver devant le cinéma. **Ça te va** ?*
     We can meet in front of the cinema. Is that OK with you ?
   - *Oui, **d'accord**.*
     Yes, OK / **Agreed**.

4. The Logical Future caused problems. You can revise this tense sequence in the Grammar section. We will look at one example here:

   - *Je te téléphonerai quand j'y arriverai.* I will phone you when I get there. (Literally 'when I will get there'.)

5. Another difficulty had to do with the *Futur Simple*, e.g.:

   - We **will be staying** in London.

must not be translated literally. Instead, you should say:

   - We **are going to stay** in London.

Hence, *Nous **allons rester** à Londres.*

6. Make the adjectives and verbs **agree**!

   - *Les chambres **étaient** confortables et propres.*

7. *Qui / Que*: (See also Grammar)

   - *Les choses **que** j'aime . . .* the things **that** I like . . . (**object**)
   - *Les choses **qui** sont dans le tiroir* the things that / which are in the drawer. (**subject**)

The aforementioned points ought to be borne in mind. Close attention to them will save marks which would be needlessly lost.

Here are some useful expressions for Production Écrite:

1. *En ce qui concerne, je crois que . . .* As far as . . . is concerned, I think that . . .
2. *Il s'agit d'honnêteté.* It is a question of (it has to do with . . .) honesty.
3. *Il faut prendre les choses du bon côté.* You must look on the bright side.
4. *Le problème est devenu plus répandu.* The problem has become more widespread.
5. *À la suite de, comme résultat de . . .* As a result of . . .
6. *C'est une question difficile à résoudre.* It's a hard question to answer.
7. *Je doute que ce soit vrai* I doubt that this is so.
8. *À titre d'exemple, regardez . . .* By way of example, look at . . .
9. *Qui plus est . . .* What's more/moreover . . .
10. *Toute réflexion faite* When all is said and done . . .
11. *En revanche* On the other hand . . .
12. *Qu'on le veuille ou non* Whether we like it or not . . .

USEFUL IDIOMS

These idioms can be helpful for a number of reasons:

(a) They develop fluency.
(b) They impress the examiner.

(c) They will make your work stand out among others.
(d) They can be used in that most difficult of assignments – the 'Creative Writing' section of the Honours course.
(e) They can be used in the oral examination. In addition, these phrases are not normally covered in the classroom work. They are hard to find, so we are including a small number of them in examples with English translations.

Idioms:

1. ***ne pas voir les choses du même œil*** not to see eye-to-eye
   Mon voisin et moi ne voyons pas les choses du même œil.
   My neighbour and I don't see eye-to-eye.

2. ***vivre aux crochets de*** to sponge off
   Les criminels vivent aux crochets de la société trop longtemps.
   For too long criminals have been living off society.

3. ***voler de ses propres ailes*** to stand on your own two feet
   Quand je partirai de chez moi, je devrai voler de mes propres ailes.
   When I leave home, I'll have to fend for myself.

4. ***quoi qu'il arrive*** come what may
   Je vais tenter le coup quoi qu'il arrive. I'm going to give it a try come what may.

5. ***se bercer d'illusions*** to kid yourself
   On se berce d'illusions si on croit se débarrasser complètement de la criminalité.
   You're fooling yourself if you think that you can get rid of crime completely.

6. ***abonder dans le sens de*** to be entirely in agreement with
   J'abonde dans le sens du ministre.
   I'm in total agreement with the Minister.

7. ***agir au mieux des intérêts de*** to act in the best interests of
   Les hommes politiques nous font savoir qu'ils agissent au mieux de nos interêts.
   The politicians inform us that they are acting in our best interests.

8. ***s'agir de*** to have to do with, be about
   Quant au thème de ce livre, il s'agit de l'amour.
   As for the theme of this book, it has to do with love.

Samples: Opinion writing

There now follows many examples of opinion writing. You ought to read them several times to allow the relevant vocabulary to 'sink in'. Do not learn these passages off by heart! The danger is that you will come to rely on a particular answer to a restricted question. Learning off by heart can 'stress out' the student because s/he cannot remember everything, word-for-word.

Rote-learning too many things is hardly educational unless you can apply what you learned off by heart to other situations. Rather you should try to learn phrases and vocabulary so as to adapt your repertoire to any other question on a similar topic.

For example, to start an answer to a topic question, you could write:
En ce qui concerne le . . . ; *Dans le domaine du dopage en sport . . .*
As far as . . . is concerned; In the area of drugs in sport . . .

These kinds of phrases can be taken from the passages which now follow.

Finally, it should be noted that these passages exceed the number of words which a student is expected to write. The reason is to include more ideas and vocabulary relating to the topics. (These passages may also be useful for the oral exam).

1. La Drogue

En ce qui concerne le dopage en sport, le phénomène est devenu plus répandu que jamais. Pourquoi un athlète, qui est en belle forme et qui s'entraîne dur, prend-il des drogues ? C'est une question fort difficile à résoudre.

La médaille d'or ou la Coupe, celles-ci **(1)** sont les seules choses qui importent. On peut gagner aussi une grande somme d'argent en remportant le 'Prix'. Ainsi, l'enjeu **(2)** est grand. Il s'agit des pressions du sport moderne. Le but est de gagner, plus de participer.

Les Jeux Olympiques sont devenus les 'Jeux de la Consommation', où de grandes entreprises essaient de vendre leurs produits. Elles dominent tous les principaux tournois mondiaux avec leur publicité, leur parrainage **(3)** et avec la promotion de leurs marchandises haut de gamme **(4)**. Ces intérêts financiers ne tolèrent guère l'échec **(5)**. C'est insupportable ! **(6)** Le sportif doit gagner. Pour lui ou elle, gagner c'est s'enrichir.

Ainsi, la pression et l'entraînement riguoureux sont parfois trop durs pour l'athlète qui cherche à atteindre le plus haut niveau – et il/elle a recours à la drogue. À cause de ce fléau **(7)** du dopage, les autorités et quelquefois les spectateurs se méfient d'**(8)** un athlète qui gagne. On doit tester les athlètes au hasard. Qui y perd ? Le sport, et également les sportifs honnêtes qui s'entraînent depuis bien des années pour prendre part à un évènement magnifique.

(1) these (ones) – (pronoun)
(2) the stakes
(3) sponsorship (*le parrain* godfather)
(4) top of the range
(5) failure
(6) intolerable
(7) scourge
(8) mistrust (takes *de*)

2. Le Tabagisme

Selon les recherches effectuées par des spécialistes (1), il existe (2) un nombre croissant de jeunes qui s'adonnent (3) au tabac. Ni les pubs ni les spots à la télé ne sont arrivés (4) à les décourager du tabagisme. Je crois qu'il s'agit (5) de l'habitude. De l'aveu général (6), on ne peut pas lutter contre lui. Cependant, il est possible d'apprendre aux jeunes de ne pas fumer. Cela nécessite (7) l'aide du gouvernement, des parents, et de la télévision.

Que faire (8) ? D'abord, on devrait augmenter les taxes sur les cigarettes. En effet, il est interdit de (9) fumer dans certains endroits spéciaux tels que (10) les salles d'attente des cabinets de médecins, les couloirs d'hôpitaux, les pubs et dans les salles de cinémas. On voit partout des panneaux qui disent : 'Défense de Fumer'. Les fumeurs ne devraient pas fumer parmi les non-fumeurs parce que cela nuit à (*) la santé. On doit commencer une nouvelle campagne pour éduquer les jeunes agés de dix à quatorze ans. Les vedettes de cinéma et de musique rock pourraient peut-être renoncer aux cigarettes devant leurs fans. Toute réflexion faite (11), il sera très difficile de réaliser cette ambition.

(1) according to research carried by experts
(2) there is
(3) give themselves over to / are addicted
(4) managed to
(5) it has to do with
(6) according to general opinion
(7) it involves
(8) what can we do?
(9) it is forbidden to
(10) such as
(11) all things considered

(*) An unusual verb. Here is the present tense in full:

NUIRE + À
je nuis
tu nuis
il/elle nuit
nous nuisons
vous nuisez
ils/elles nuisent

E.g. (i) *Ils ont cherché à nuire à quelqu'un.* They tried to hurt someone.
(ii) *Cela risque de nuire à nos projets.* There's a risk that it will damage our plans.

3. *À quoi bon la litterature ?*

Pour moi, la littérature a beaucoup d'avantages pour la société, et il n'y rien de plus important (1) que l'éducation. La littérature nous permet de comprendre les cultures d'(2) autres pays. On arrive à connaître (3) leurs attitudes et leurs mœurs. Par exemple, dans 'Les Misérables', l'auteur Victor Hugo nous donne une image de la vie en France au dix-neuvième siècle.

Bien qu'il y ait (4) des gens qui lisent des romans pour échapper au monde, il y a aussi ceux qui lisent pour élargir leurs connaissances de la vie (5).

Un ouvrage (6) peut être passionnant ou ennuyeux ; il raconte une histoire ou analyse le cœur humain.

(1) there is nothing more important
(2) that of / the one of
(3) you get to / you manage to
(4) although there are (subjunctive because of 'bien que')
(5) to widen their experiences of life
(6) a work (of literature)

With regard to the following samples of written expression, many phrases and vocabulary have been included in English. It is a useful exercise to study the French expression but also to translate the English into French. In this way, you are becoming more active in your own learning. You are taking part in actually writing the passage.

Translate the English in *italics.*

4. *À Quoi Sert l'Éducation ?*

Il y a ceux qui disent qu' *it's no use*. *Nothing* saurait me le faire croire. Sans éducation, on pourrait avoir très peu de choix de ce qu'on veut faire dans la vie. *Nowadays*, on *demands* des diplômes pour obtenir les bons postes. Les demandes d'emplois excèdent *those* des offres d'emplois. Le domaine du travail de l'avenir va *to hire / employ* les diplômés, et il n'y aura aucun poste permanent.

Il faut donc prendre au sérieux son éducation secondaire. À l'école, *you learn* pas mal de choses telles que les sciences naturelles, les langues vivantes et l'informatique. De plus, on apprend à *be a part of* un groupe et à travailler avec d'autres. *As for* sport à l'école, les étudiants développent leur *personality*. On entretient de bons rapports avec les autres.

Il est *probable* que ceux qui partent de l'école *before sitting* leur bac n'obtiendront pas un bon emploi. Quoi qu'il en soit, on doit *continue* ses études même après l'école. Qu'on le veuille ou non, il est plus facile de trouver un emploi lorsqu'on est diplômé.

5. *Le Terrorisme*

As far as terrorisme *is concerned*, il s'agit d'une espèce d'expression politique violente qui, depuis si longtemps, s'aggrave dans tous les coins du monde. C'est une expression mortelle contre la société elle-même. *It attacks anyone, anywhere. It affects everyone.*

Le terrorisme frappe et détruit les institutions démocratiquement élues. Cela provoque la contre-violence des forces de l'ordre. *One wonders what there is in our society* qui provoque de tels crimes.

How can we fight against this terrorisme ? Créer une société plus juste, sans favoriser une seule race. *In addition*, du point de vue de la sécurité, *one should* renforcer les frontières avec plus de soldats. *It has to do with a* meilleur contrôle des visas, d'une meilleure surveillance aux aéroports et aux ports maritimes.

Qui est terroriste ? *What's he like?* Il est souvent normal. Il a l'apparence du parfait voisin. *You mustn't* croire que le terroriste est pauvre ou chômeur.

6. *L'Ennui*

C'est un problème *which affects the young* pour la plupart, et surtout dans les grandes villes. *Nowadays*, les jeunes sont la cible de nombreuses images publicitaires. *It causes* des besoins chez les jeunes et crée une soif pour de plus en plus de biens. Ils utilisent donc moins leur imagination. Ils dépendent de ces biens *to enjoy themselves*, et *get bored* vite. Ils en veulent plus. Pour s'évader de l'ennui, on cherche de nouvelles sensations . . . on se drogue.

L'ennui *comes from* plusieurs causes. Dans les grandes agglomérations urbaines, *there is a lack of sports facilities, such as* les gymnases, les piscines et ainsi de suite. Peut-être qu' *there aren't any green spaces* pour des terrains de foot. Qui plus est, *there are those who* ont trop de temps libre. Cette inaction *can lead to* des problèmes comme le vandalisme, surtout parmi les garçons. Trop de garçons boivent *out of boredom*. Ils *squander* beaucoup d'argent dans les bistrots. D'autres *spend* beaucoup de temps à regarder la télé.

What can we do? Il doit y avoir (*there must be*) plus d'installations pour les jeunes. Peut-être le service militaire comme dans d'autres pays ?

7. La Vie Urbaine

What is life like dans les grandes villes de nos jours par rapport aux années quarante ou même soixante ? *In what way* a-t-elle changé ? Est-elle plus ou moins tolérable? Comment sera la ville à l'avenir ?

D'abord, *what are* les avantages de vivre dans une ville ? En Irlande, en tout cas, on habite en banlieue. *Most* Irlandais possèdent leur propre maison. *You find* qu'il y a beaucoup d'avantages à l'égard de la vie urbaine. Il existe bien des divertissements pour les habitants, tels que les installations locales et les centres sportifs. Il y a pas mal de choses à faire, *as far as the young are concerned*. Ils peuvent traîner dans les centres commerciaux ou aller aux théâtres et aux cinémas. Il y a des foyers de jeunes où on peut *meet one another* pour s'amuser le soir. On peut rejoindre ses amis dans plusieurs bistrots.

Dans le domaine des évènements, presque toutes les épreuves sportives *take place* en ville. Il y a tout simplement plus d'animation. Tout est proche, les beaux magasins, les musées, les universités, le transport public, le choix des écoles et ainsi de suite.

Alors, quels sont les *disadvantages* ? Selon moi, les citadins sont plus agressifs et toujours pressés. On n'a pas de temps l'un pour l'autre. À la campagne, on peut voir les individus qui *chat* dans la rue. *We worry about* criminalité qui nous *affects* tous les jours. En plus, on est frappé par la pollution des tuyaux d'échappement et des déchets d'usines. *Don't forget* le bruit de la circulation et les embouteillages.

Which one préfère-t-on ? Cela dépend. Préférez-vous la vie saine et tranquille, mais isolée et solitaire de la campagne ? Ou la vie rapide, mais pleine d'animation de la ville ?

8. La Publicité

Est-ce que la publicité nous séduit ou nous informe ? *Businessmen would say that* elle a pour but principal de nous informer de notre choix. Ils diraient qu' *they have the right to* faire de la publicité. À mon avis, pour préserver les *best standards* et aussi pour protéger les *consumers* de la publicité qui est douteuse; par exemple les pubs de Benetton qui ont utilisé des images *bloody* et violentes pour vendre des vêtements. Il faut avoir des limites. *There must be* plus de surveillance.

On *broadcasts* la publicité des marques tous les soirs à la télé. Dans les journaux, *advertising* est utile si l'on cherche à acheter une auto *secondhand* ou à louer un *bedsit*.

Pourtant si l'on prend les choses du bon côté, *you can see* que la publicité fait du bien. Elle *lets us know what there is* à acheter ou à choisir. Il y a plus de couleur dans nos rues à cause de la publicité. Elle fournit des emplois. Enfin, si l'on désire quelque chose, comment la trouver ? Consultez les *small ads*. *Nobody is against* les petites annonces, c'est seulement les spots télévisés vulgaires qui sont en cause.

9. Les pressions de l'éducation

What use is l'éducation à présent ? Il y a ceux qui ne la respectent pas ; et, ceux qui se préparent à dépenser de grandes sommes d'argent pour avoir la 'meilleure' éducation dans les écoles privées et les 'grind schools' pour les cours particuliers. Les banlieues pauvres *demand* des écoles *though* il n'y ait pas de tradition de scolarité, mais où l'éducation aurait un impact. Partout dans les collèges secondaires il existe une pression *unbearable* pour obtenir des 'points' pour *get* une place à la Fac.

Le but de l'éducation est de former de bons citoyens, de développer des traits de caractère *in* l'homme. Est-ce que les écoles atteignent cet objectif ? Peut-être que non. Les études doivent *take into account local traditions and values*. Enfin, il est à noter que, dans notre société de haute technologie, ceux sans licences ni diplômes (et même ni brevets) *will find it hard to get a job*. Donc, *we must* trouver le juste milieu.

10. 'Je suis fumeur. Vous n'êtes pas fumeurs. La liberté, c'est réciproque.'

Ce slogan provient d'une pub qui favorise les fumeurs et défend leur plaisir et leur *right to* fumer. Comment réagir ?

Sans doute les fumeurs ont-ils le droit au tabac, mais il faut qu'ils *take into account* des droits des non-fumeurs.

Tout d'abord, *why do people smoke?* Après tout, c'est une habitude qui coûte cher. Pour certains, c'est la force de l'habitude. On fume sans *thinking about the dangers*. Le tabac commence généralement dans la *youth*. La cause ? La tentation de copier les autres ou simplement l'ennui. Bien des jeunes fument parce qu'ils sont mal à l'aise. Qui plus est, on fume pour se révolter contre ses parents. Le problème, c'est qu'on ne *give up* pas *the* habitude quand on est adulte !

Pourquoi lutter contre le tabagisme ? En premier lieu, c'est *harmful* à la santé ; non seulement à la santé du fumeur, mais en particulier *to that* du non-fumeur.

Le tabagisme coûte cher à l'État. Les hôpitaux accueillent des milliers de gens qui *are suffering from* maladies de poumons et du cœur, de cancer tous *thanks to* tabac. Quand on fume, *you cough*, et *you breathe* avec difficulté. On perd son appétit et se fatigue vite.

En Irlande, la fumée est *forbidden* dans les lieux publics. Quelques sociétés commerciales n' *hire/employ* pas de fumeurs. Ces *firms* perdent beaucoup de journées de travail à cause des maladies de tabac.

Les fumeurs passent plus de temps à l'hôpital que les non-fumeurs. Toutes les enquêtes le prouvent.

11. 'L'homme qui maîtrise deux langues vaut deux hommes.'

What do you think? Comme *know* tous les profs de langues vivantes, de nombreux élèves pensent que les langues sont inutiles. *After all*, selon eux, on n'a besoin que d'anglais – parce que tout le monde le parle. C'est vrai, l'anglais est la langue mondiale, commerciale et diplomatique. *On the other hand*, la plupart des Européens ne savent pas parler anglais. L'homme et la femme de la rue *want*, à juste titre, que les anglophones *learn* une langue étrangère. L'embêtant, c'est que les Européens étudient deux ou trois langues à l'école. Ils font l'effort, pourquoi pas nous ?

Depuis des décennies, nous avons fait du commerce, en majorité, avec le Royaume-Uni. Maintenant, nous *are a part of the* U.E. Les offres d'emploi dans les journaux exigent qu'on parle au moins une langue européenne. Par exemple, dans le domaine de la commercialisation et du tourisme, on doit parler français ou allemand ; à l'égard des *computers*, on *requires* une bonne connaissance de l'allemand.

Qui plus est, quand on voyage, on aime s'exprimer dans la langue du pays. Cela entraîne de bons rapports avec les autres. C'est essentiel pour se renseigner. On peut lire des livres de littérature étrangère dans sa langue d'origine, *see* des films sans *subtitles* et *watch* les émissions françaises et allemandes à la télé. On peut goûter et mieux apprécier la culture d'un pays.

12. La violence à la télé : est-elle la cause de la délinquance ?

Regarding la violence à la télé, je crois qu'elle a une mauvaise influence sur les jeunes. Quand un jeune esprit est *struck by* de telles images que des meurtres, des attentats et des émeutes il *must be affected*. Les jeunes spectateurs, surtout les enfants, *must be* protégés de la violence *broadcast* tous les soirs sur *the small screen*. D'autre part, il faut que les parents *teach* aux jeunes que la violence à la télé n'est pas la norme.

Par contre, les jeunes qui sont bien élevés, bien instruits et qui habitent des foyers heureux et sains *do not take seriously the violence that they see* à la télé. Ils *realise* que c'est de la fantaisie, du divertissement. Après tout, les délinquants vivent *sometimes* sans abri, *sometimes* dans des *backgrounds* défavorisés et pauvres.

L'embêtant, c'est que les enfants utilisent la magnétoscope et *are able to tape* les films destinés aux adultes. De l'aveu général, il y a un manque de contrôle des parents sur *what* regardent ces jeunes.

13. 'Lire un livre est une perte de temps.'

What's the use of reading? Dans un monde où foisonnent les ordinateurs, les magnétoscopes et d'autres formes de divertissement, pourquoi fait-on l'effort de lire un roman ? Tout d'abord, *although there are* des gens qui lisent pour échapper au monde, il y a ceux qui lisent pour élargir leur *knowledge* de la vie.

La littérature nous donne un aperçu d'une autre culture, d'une autre société. On arrive à connaître les attitudes et les mœurs d'un pays. Par exemple, si on lit les romans de Roddy Doyle, on peut *glance* sur la vie dans les faubourgs de Dublin. On est passif quand on regarde la télé. On *listens* et regarde, mais on ne réfléchit pas.

La littérature contient une énorme variété de styles, de *plots* et de *characters*. Un roman peut approfondir (delve into) le caractère d'un personnage.

La lecture *demands* de la patience, du temps et de l'énergie. Quand *you read*, on est actif. Le livre doit *hold* son intérêt à partir du commencement jusqu'à la fin.

Pour conclure, la plupart des livres *appear* en livres de poche, et se trouvent sur les rayons des bibliothèques. Ainsi, la lecture n'est pas un passe-temps qui coûte trop cher.

14. Les préparations pour un examen – quelques conseils

Comment se préparer pour le bac ? *I'm writing* au sujet des heures qui précedent l'examen, c'est-à-dire, la veille et le jour de l'évenement.

En premier lieu, on *shouldn't* trop étudier la veille. *You don't have to* réviser jusqu'au petit matin. Certes, je *would advise* quelqu'un de ne pas couvrir de nouvelles leçons. On aurait dû tout réviser avant ce moment. Peut-être que vous *could* étudier doucement, et *catch up/revise* un peu.

Go out for a walk avec des copains. Cela *will make you* plus décontracté. Ça serait mieux que de rester *worried* chez vous.

Go to bed assez tôt ; cela dépend, peut-être à dix-heures. Une bonne nuit de sommeil *will enable you* d'être mieux concentrer lors de l'examen. Attention aux nerfs ! *Don't get up* trop tôt pour étudier. *It's not worth the trouble.*

15. Comment seront les écoles de l'avenir ?

It's a very difficult question to answer. Il y a eu de grands *changes* dans notre système scolaire dans les années quatre-vingts. Par exemple, de plus en plus d'écoles sont devenues mixtes. Beaucoup de collèges ont changé de *management.* L'utilisation des ordinateurs est plus *widespread* que jamais, alors que l'on enseigne l'informatique dans toutes les écoles.

Et l'avenir ? Que *will become of* les écoles ? Avec la *drop* du nombre d'élèves, il y aura beaucoup moins d'étudiants à l'école en l'an 2010. Ainsi, il est à espérer que les classes seront plus petites, et donc, l'enseignement sera *better.*

Qui plus est, il y aura de différents Leaving Certs pour tous les élèves de divers *levels*. On en trouvera pour ceux qui veulent aller à la Fac ; d'autres *intended for* ceux qui désirent travailler ou faire un stage.

16. Les Drogues dans le Sport

En ce qui concerne le dopage sportif, je crois qu' *it has to do with the* pression *unbearable* du sport moderne. Il y a trop de *sponsorship* par des entreprises internationales et, ainsi, trop d'argent en jeu. Gagner aux Jeux Olympiques, cela *involves* de la richesse.

Les pays eux-mêmes *should be ashamed* parce qu'ils exigent trop de leurs athlètes. Ils n'acceptent pas *failure.*

Bien des athlètes ne sont plus des amateurs. Ils sont des professionnels qui *earn their living* en sport. Ils *train* pendant plusieurs années pour *take part in* un seul concours. Le prestige est énorme.

At the end of the day, les Jeux Olympiques ont perdu leur bonne réputation. Il y a des gens qui *mistrust* les athlètes quand ils gagnent. Fréquemment, un coureur *has to do a dope test* après une course. C'est très triste.

17. 'Avoir un emploi à temps partiel pendant le trimestre, c'est une mauvaise idée.' Qu'en pensez-vous ?

Pour moi, il y a des avantages et des inconvénients. D'une part, *you become* indépendant en travaillant en dehors de chez soi. On *learns how to budget* et faire des économies. *You find out more about the* monde des adultes, comment on se respecte, comment on se tient, et ainsi de suite.

On the other hand, bien des étudiants *can't enjoy themselves* le week-end à cause de leur boulot. *There are those who* travaillent en semaine, et *can't get up* le lendemain pour l'école. Il est difficile pour les élèves de travailler et de faire des études en même temps. On est trop crevé pour se concentrer sur le bac. Je *would advise* à tous les étudiants de *not to work during sixth year*, et de travailler pendant les vacances. En tout cas, le gouvernement a mis en place une loi qui *forbids employers from hiring* les jeunes âgés de moins de seize ans.

Le Mot / Fax / E-mail

1. You are on holidays with the Vachon family. You are alone in the house when someone rings the doorbell. It is a man who says that he has come to repair the television. As you do not know him, you do not wish to let him in. You leave a note for Monsieur and Madame Vachon. In it, you tell them:

- at 3.30, a man calling himself M. Lattes dropped by to repair the television
- since he was a stranger to you, you did not let him enter the house
- he said that he would return at 4.30
- if there is nobody at home at that time, could the Vachons phone the shop before 6 o'clock this evening to make another appointment
- you are going out right now to meet your friends at the swimming pool.

Monsieur / Madame,

J'écris ce mot pour vous informer de la chose suivante : j'étais seul(e) à la maison quand on a sonné à la porte. C'était un monsieur qui a dit qu'il était venu réparer la télévision. Il est passé à 15 heures 30. Il s'appelait M. Lattes. Je ne l'ai pas laissé entrer (1) parce que je ne le connaissais pas. Il a dit qu'il reviendrait à 16 heures 30 et s'il n'y avait personne à cette heure, pourriez-vous prendre un nouveau rendez-vous (2) avant 18 heures ce soir. Téléphonez au magasin qui s'appelle 'Les Nouvelles'. Je m'en vais (3) rejoindre mes amis (4) à la piscine. Je sors maintenant.

(1) I didn't let him in
(2) to make another appointment
(3) I'm going off . . .
(4) . . . to meet my friends.

Let's discuss a few points about this typical note. A note usually consists of reported speech, such as 'He said that . . . They asked whether . . . ', and so on. A note is often written by a student from abroad staying with you, or when you are staying with a French family. The note is short and to the point. There is no room for waffle. Keep to the points in the question. Use all the guidelines that you are given.

30 marks (out of 400) are allocated to the Note / Fax question. 15 marks are allocated to the quality of the French used, e.g. grammar (verbs, agreements, etc.) and good expression. The other 15 marks are awarded for dealing with the

tasks. If you do not attempt one or more tasks, then you cannot get those portions of **language** marks.

Very often, the note deals with an apology for cancelling an appointment, saying that you will be late, or to say that someone dropped in, but you were not there.

From the language point of view, there are certain expressions which are fairly predictable:

(a) To begin with, the start of a note nearly always opens with:

- 'I'm writing to you / this note to let you know that . . . '

This can be translated in different ways, such as:

- *Je vous écris*
- *Je vous laisse ce mot*

Écris and *laisse* include the word 'am', as in 'I am writing, I am leaving (this note)', as in any other present tense. 'To you' goes before the verb, as do pronouns like *me, te, le, lui,* etc.

. . . *pour vous faire savoir / vous annoncer / vous informer que* . . . takes care of 'to let you know'.

(b) 'Someone knocked / rang at the door / phoned' are also favourites to include in a note to describe where a message came from. It is better to use *on* plus the verb:

- '**On** a frappé / a sonné à la porte / a téléphoné.'
- 'Votre voisin est passé . . . '

NOTE the inclusion of *est* because *passer* takes *être* in the Passé Composé when it means 'to call in' or 'drop by'.

(c) Watch your tenses, they can alter grades! *J'étais, il s'appelait, je connaissais* and *y avait* are all actions which were going on at the time that we are considering. They were not sudden and finished actions. On the other hand, *il a dit, il est passé* and *ai laissé* are actions which 'occurred', rather than 'were occurring'.

(d) Always try to include out-of-the-ordinary expressions that most students would not generally use. These phrases would stand out in your work. For example:
- *Pour vous faire savoir* instead of *pour vous dire*
- *Je m'en vais* instead of *je vais*
- *rejoindre* instead of *voir, rencontrer.*

(e) Restrict yourself to fairly short sentences which you are sure are correct. Avoid long sentences which allow more opportunities to make mistakes.

(f) Chiefly avoid the ad verbatim, i.e. word-for-word translation of ideas from English into French. The French language did not evolve just to suit Anglophones!

Communicate the information, not just the given words.

(g) Pay close attention to each sentence that you write. Look out for tenses, verbs, adjectives, and agreements of past participles. Since you are not a perfect student, you will most likely make mistakes. Take a critical approach to your work.

(h) Do not learn entire paragraphs off by heart. You probably won't use them. Besides, the examiner will see through the ruse, and award very few, if any, marks. By all means, learn phrases and idioms which are your own, perhaps, and which will impress the examiner. Such phrases can be employed in most 75/90 word pieces.

2. Department of Education Sample Paper:

You and some friends are going on a holiday to France in a few day's time. You intend to spend a few nights in a camping site in Le Havre where your friend Jean(ne) lives with his / her family. Write out the message in French you will send him / her by fax or e-mail saying:

- that you and your friends will camp for a few nights in Le Havre
- when you will arrive in Le Havre and how long you will stay there
- that you would like to meet him / her in a café or night-club
- that you and your friends would like very much if he / she could come with you on a trip to Paris
- that you will contact him / her again as soon as you reach Le Havre.

Chère Jeanne,

Je t'envoie ce message par télécopie pour te faire savoir que quelques amies et moi avons l'intention de venir en vacances en France. On partira samedi prochain, le 5 courant. En arrivant en France, on passera trois nuits au Havre dans un camping municipal. Si on se retrouvait dans un café ou une boîte pour prendre un pot ? Mes copines et moi voudrions que tu viennes avec nous pour faire une excursion à Paris. Je passerai chez toi aussitôt que nous arriverons au Havre. À samedi.

Julie.

NOTES:

1. Since the 'note' is likely to be called a 'fax' or 'e-mail', then it is good to know another 'starter', like:
   Je t'envoie ce message par télécopie / fax . . .
   I'm sending you this message by fax.

2. *. . . pour te faire savoir . . .* . . . in order to let you know . . .
   This is a good alternative to 'in order to tell you'.

3. *Mes copines et moi avons l'intention . . . .* Beware of the trap of writing the 3rd person plural after *mes amies et moi avons . . .* You must remember to take *et moi* into account. Thus the verb becomes 'we' which will go into the 1st person plural.

4. Using *y* will impress. You cannot keep repeating the place that you are going to. Instead, say that you 'are going there' – *on y va* (which goes before the verb).

5. *le 5 courant*: simply 'the 5th of this month' (the current month).

6. The Present participle also impresses. It is instead of saying:
   - 'When we arrive in . . . '.
   - It means:'On arriving in . . . '

7. It is very 'French' to use the highly useful *on* to mean 'we', and it uses the 3rd person singular:
   - *On y va, On passera, Si on se retrouvait.* We're going there, we'll drop in, what if we meet . . .

8. *Au Havre*; remember that for the few towns in France that use the definite article *le*, the preposition *à* must combine with it to produce *au*, e.g. *au Mans* ; *au Havre.*

9. Another friendly approach in a letter or message is the expression:
   - 'How about doing . . . ? / What about going . . . ?'

   In French, it is *Si* plus the *Imparfait*:
   - *Si on allait au cinéma ? / Si on jouait au tennis ?*

10. *. . . pour prendre un pot* means 'to have a drink'. It is a relaxed way of inviting someone to a social drink.

11. When a person(s) wishes someone else to do something, then you are using the *Subjonctif* :
    - *Mes copines et moi voudrions que tu viennes . . .*

12. As mentioned in the oral section of this book, the English expression 'to go on a hike / walk / trip,' etc. is translated by the verb *faire,*

- . . . *pour faire une excursion à Paris* to go on a trip to Paris

13. The *Futur Simple* in the main clause plus *aussitôt que* leads into the Logical Future:

- 'I will call into you as soon as we **will arrive** in Le Havre.'

14. Finally, to say 'see you on . . . ', just put *à* before the time or day:

- *à demain* see you tomorrow
- *à trois* heures 'til 3 o'clock
- *à lundi* see you on Monday

3. Sample:

You are working as an au pair for a Belgian family in Brussels. One afternoon, a newly acquired friend from the vicinity calls into your house and invites you to go window-shopping in the old city. After finishing your chores, you go out with your friend, leaving the following note:

- tell your host family that a friend dropped in and asked you to go into town with her
- tell them exactly where you will be and when you will return
- let them know that you have already peeled the vegetables and watered the house flowers
- that you have tidied the children's bedroom and hoovered the floor
- tell them not to worry, that you will come home with your friend.

Translate the English in italics:

Chère Madame,

I'm leaving you this note to let you know that I have gone out with a friend. She is Annette who lives in the apartment block across the road. She dropped in earlier and invited me to go window-shopping with her this afternoon.

On va faire du lèche-vitrine en ville, et après cela, Annette et moi allons visiter la vieille ville.

J'ai déjà épluché les légumes pour le dîner, et j'ai arrosé les fleurs pendant votre absence. J'ai aussi rangé la chambre des enfants et j'ai passé l'aspirateur dans le séjour.

Don't worry. I'll be back at around 7 o'clock this evening. I'll be returning with Annette.

Eileen.

NOTES:

faire du lèche-vitrine	to go window-shopping
Cela fait, . . .	having done that, . . .
pendant votre absence	while you were out

4. On the way home from your holidays in Arcachon in the south-west of France, you call into your friend Jean-Louis / Françoise in Nantes to give back the things which s/he left in your house when s/he was on holidays in Ireland a month before.

Leave a note for him/her, saying:

- you dropped by to leave back the things that s/he forgot to bring home from Ireland
- as you were in a hurry, you could not wait for his/her arrival home
- you met the next door neighbour who was very obliging and agreed to keep the things for your friend
- you were on holidays in Arcachon and had a wonderful time
- you will write to him/her soon about your holiday.

Salut Françoise,

Je suis passé chez toi aujourd'hui, en revenant de mes vacances, pour te rendre (1) les affaires que tu as laissées (2) chez moi quand tu m'as rendu (3) visite en Irlande le mois dernier. Il s'agit d'un réveil, d'un sac à dos, d'un ouvre-boîte et du cadeau que ta correspondante t'avait (4) donné, c'est à dire, le chandail d'Aran, un très lourd tricot en laine irlandaise. C'est formidable ! Malheureusement, il n'y avait personne quand je suis passé. J'ai rencontré ta voisine, et elle m'a dit qu'elle garderait tes affaires pour toi. C'était très aimable de sa part.

Je viens de passer un très bon séjour à Arcachon. Je me suis bien amusé. J'écrirai plus tard pour te raconter mes vacances.

Pierre.

(1) The verb r*endre* as used here, means 'to give back'.

(2) Note the agreement of *laissées* because the direct object *affaires* comes before the verb *avoir.*

(3) This time *rendre* means 'to visit'. When you are visiting a person, use *rendre visite à*; when you are visiting a place, use *visiter*.

- *Je vais rendre visite à mon oncle.*
- *Je vais visiter La Villette.*

(4) Be careful of the tendency to put the wrong verb ending to correspond with the pronoun before the verb; e.g. *Mes parents nous donnons*; it should of course be: *Mes parents nous* ***donnent***.

5. Translate this sample:

> *Madame Seville,*
>
> *I'm writing this note because, while you were out, I got a call from the Principal of your son's school. He said that your son had an accident at school. He said that François was not seriously hurt. This is what happened. He was playing badminton in the gym, slipped and sprained his ankle (1). They (2) sent for (3) the ambulance, and he was taken (4) to the hospital for a doctor to examine him (5).*
>
> *I agreed (6) to go to the hospital to collect (7) François. I'll be back in 40 minutes by taxi. Don't worry!*
>
> *See you soon,*
> *Claudette.*

(1) *se fouler la cheville*
(2) use *on*
(3) literally: 'made to come'
(4) never say *prendre* to translate 'to bring/take someone'. Use *emmener.*
(5) French: 'so that a doctor may examine him' – subjunctive.
(6) *consentir à*
(7) *aller chercher*

6. (Sample):

You are staying with your Belgian friend, Serge. One afternoon, you are alone in the house. Just as you were about to go out, the phone rings. Take the following message for Serge:

(i) Nicola phoned to express her anger with Serge
(ii) he was supposed to meet her yesterday in front of the library
(iii) she waited for two hours before going to Caroline's house
(iv) she said that Serge ought to ring to apologise and explain what happened
(v) you are going out now and will see Serge later.

Cher Serge,

J'étais sur le point de sortir (1) quand le téléphone a sonné. C'était ton amie Nicola et elle était fâchée contre toi. Je lui ai demandé (2) pourquoi. Apparemment (3), tu devais la rencontrer hier. Elle m'a dit qu'elle t'avait attendu pendant deux heures (4) devant la bibliothèque. Voyant que (5) tu n'allais pas arriver, elle a decidé de passer chez (6) Caroline, sa copine. Nicola voudrait que tu lui donnes un coup de fil (7) pour faire tes excuses (8) et pour expliquer ce qui s'était passé. Je sors maintenant. À plus tard.

Ton cousin,

Bart.

(1) I was about to go out . . .
(2) I asked her
(3) apparently
(4) she had waited for you for two hours
(5) seeing that . . .
(6) she decided to drop into . . .
(7) Nicola would like you to give her a call
(8) to apologise

7. Translate:

Dear Anna,

While you were out, one of your friends Michel, phoned. I'm leaving you this message to tell you what he had said. He told me that it was impossible to come to your house tonight. He explained that he was expecting (1) a few Belgian friends at ten o'clock at his house. Furthermore, he has to collect them at the airport. Their plane lands (2) at six o'clock. Later, they're eating with the family (3). After eating, they're going to a night-club. He was wondering (4) whether you would like to go with them to the night-club. Give him a call as soon as you return home. I have to leave now to meet my friends.

See you tomorrow,

Barbara.

(1) *attendre*
(2) *atterrir* (*la terre* land, ground)
(3) *en famille*
(4) *se demander*

8. (Sample) Translate into French:

Monsieur,

While you were out (1) this afternoon, a friend of mine (2) from school in Ireland called in. I had given him your address before I left (3) Dublin. His name is Brian and he's just passing through (4) Bordeaux on his way to Perpignan for the grape-picking season (5). He's leaving late this evening; he's getting (6) the 22.00 train. Brian wanted to know if I could go with him to tour the old city. He told me that he had already seen the tourist attractions such as the historical monuments and the city centre. I said I would (7). I have to go out with him now. I intend to be back by 20.00. I won't require (8) an evening meal; I'm going to get something to eat (9) with Brian. I hope that doesn't put you out (10).

See you later,

Sean.

(1) *Pendant que vous étiez dehors / Pendant votre absence*
(2) *un de mes amis* = one of my friends (not: *un ami de moi*)
(3) subjunctive because of *avant que*
(4) *il ne fait que passer*
(5) *les vendanges* this is used to mean 'harvesting the grapes', it includes the word 'season'.
(6) use *prendre*
(7) *j'ai dit que oui*
(8) use *falloir*; *il me faut* I need, require
(9) say *prendre de quoi manger*
(10) *cela ne vous gène pas / ne vous dérange pas*

9. You are due to be host to a Luxembourg student. However, a problem has just arisen. Send him/her a fax/e-mail to explain the situation.

(i) There was a fire in your house, and the guest room was badly damaged.
(ii) Your guest cannot stay with you, but you arrange for him/her to stay in a relative's house.
(iii) Tell your friend that (s)he can still come and eat meals with you and enjoy the activities already planned.
(iv) Apologise for the inconvenience and send best wishes to his/her family.

Translate the English in italics into French:

Cher Paul / Chère Isabelle,

I'm sending you this Fax to let you know that I have to change the arrangements for your stay with me in June. C'est à cause d'un problème qui s'est produit il y a deux jours. *There was a fire in our guest room. It destroyed the bookshelves and the bed.*

Donc, il n'est pas pratique que tu restes chez nous ; il n'y a pas de place. En revanche, tu peux loger chez mon cousin qui a un appartement près d'ici. *Don't worry, you can come to our house for your meals everyday. Furthermore, I also intend for us to enjoy the activities which I already planned for the holiday. I hope to go for mountain walks in nearby Wicklow. We'll also go on trips to the lovely south of Ireland.* Ça te dit de visiter Belfast pour une journée ?

Je m'excuse de te déranger. Dis bonjour à tes parents. Écris-moi pour me dire ce que tu penses de ces nouveaux préparatifs.

Au plaisir de te lire,

Margaret / Mark.

10. Dominique is a young French person who is working as an au pair for a family who live near you. You go to the house where s/he works but there is nobody in. Leave a note in French for Dominique saying:

- that you are going to the beach tomorrow with your family
- that you would like him/her to come with you
- that you will pick him/her up at 11 a.m.
- that s/he should bring swimwear
- that s/he should tell the family s/he works for that s/he will have dinner tomorrow with your family. **(About 75 words)**

Translate the English into French:

Chère Dominique,

Je *dropped by but there was nobody at home.* Je laisse ce mot pour te dire que ma famille et moi *are heading off* (use: partir) à la plage demain. *I was wondering whether you'd like to join us.* Puisque ce sera jeudi, et pas le week-end, il y aura beaucoup moins de monde. Nous voudrions *pick you up at around* onze heures. *Does that suit you?* Je propose que tu apportes un maillot de bain. *The weather forecast is great.* On compte se baigner dans la mer.

Mes parents aimeraient que tu dînes chez nous demain soir. Veux-tu informer la famille pour qui tu travailles que tu *will be home by 11.30 p.m.?*

Si tout cela te convient, téléphone-moi ce soir.

À demain.

11. During a two-week stay in a *lycée* in France, you make friends with André, who is absent on your last day in school. Leave a note in French for him with one of his friends. In it you:

- thank him for his interest and help during your stay
- ask him to pick up your Biology homework at the next class
- tell him that you will send him some of the photographs you took
- ask him to give your regards to his sister, Isabelle.

(About 75 words)

André,

Just a short note to thank you for everything you did for me. Il est dommage que tu sois absent le jour de mon départ. J'espère que tu n'es pas malade. *You took an interest in my studies and helped me a lot, especially in Biology.* Je suis nul(le) en biologie, c'est trop dur ! Je me demandais si tu pourrais ramasser mes devoirs de biologie lors du prochain cours demain. *The teacher hadn't corrected them. I'd like to know my result.*

As soon as I return home, I'll send you some photos which I took. Donne mon bon souvenir à ta sœur, Carol. Elle est très gentille. *I look forward to seeing you in Ireland next year.*

Good luck.

Exercise:

(i) You are spending two weeks with the Lefèvre family who live in the countryside near Clermont-Ferrand. Madame Lefèvre asks you go over to the Volnay's and invite them to the Lefèvre's house for a drink [*prendre l'apéritif*]. You call to the Volnay's house, but there is nobody there. Leave a note, including the following details:

- Madame Lefèvre has invited Monsieur and Madame Volnay to drop over for a drink and a chat.
- Their daughter, Roxane, is also invited. Has she finished her studies at the University?
- Could they call in that evening at about 6.30?
- If possible, could M. Volnay bring back the tools which he borrowed last month?
- Madame wondered whether Roxane might give you some conversation practice!

(ii) You are working as an au pair in Paris. The children whom you are looking after are being impossible so you decide to take them to the nearby Jardins du Luxembourg. Leave a note for Madame Gestier, your employer, explaining that:

- you have been minding the two children since they woke up early at 7.00 this morning
- the children are driving you mad, and so you are taking them out of the apartment
- you are bringing them to the Jardins du Luxembourg where they can play games and run around
- you will take them to a fast-food restaurant and buy them lunch
- you intend to return home not later than 4.00 in the afternoon.

LETTER WRITING

BUSINESS CORRESPONDENCE

With regard to formal letters, there is no shortage of good expressions which can be learned, practised and introduced to virtually any business letter.

NOTE: The examiner is very strict about the layout of a formal letter, as would any company in the business world. Do not forget to include:

(a) 'Irlande / Ireland' in your own address.
(b) the year in the date — Cork, le 7 mai, 2007.

First, the format has to be laid out:

(1) NAME / ADDRESS OF SENDER

(2) CITY / DATE / YEAR

(3) NAME / ADDRESS OF RECEIVER

(4) 'MESSIEURS', etc.

(Body of Letter)

(5) VERY FORMAL SIGN OFF

Example:

This is a basic letter from an Irish tourist who wishes to spend a week in France. He is writing to a hotel to book a room for his family.

Michael O'Neill
4, North Avenue,
Ennis,
Ireland / Irlande.

Dublin, le 1er mars, 2006

Hotel Marchais.
La Place de l'Algérie,
Les Sables d'Olonne,
France.

Monsieur le Directeur,

Je vous écris de la part de ma famille et moi. Nous sommes une famille irlandaise, et nous avons l'intention de passer nos vacances d'été en France. Nous comptons voyager le long de la côte ouest, et on pensait séjourner dans votre hôtel. Un de mes collègues a recommandé à votre hôtel.

Nous sommes cinq ; ma femme et moi, mes deux filles et mon fils. Nous espérons arriver chez vous le dix juin, et nous comptons rester jusqu'au dix-sept.

Je voudrais réserver en pension complète une chambre à grand lit et deux chambres à deux lits, toutes les trois avec douche.

Je vous serais très reconnaissant de bien vouloir m'envoyer une liste de choses à faire et à voir dans les environs des Sables-d'Olonne. Est-ce qu'il y a des sites historiques et de beaux paysages ? Qu'y a-t-il comme divertissement dans votre hôtel ? Quelles installations y a-t-il pour les jeunes ? Y a-t-il une piscine ? Comment s'amuser le soir ? Est-ce qu'il y a des tarifs réduits pour les enfants ?

Veuillez trouver ci-joint des arrhes de cinquante euros pour la réservation. J'espère vous lire par retour du courrier. J'ai hâte de vous rencontrer en juin.

Je vous prie d'agréer, monsieur, l'expression de mes sentiments distingués.

NOTES:

(a) With all formal letters use **vous**, the polite 'you'; *tu* would be unacceptable and even disrespectful.

(b) Note the outline of the letter, which is the reverse of the English way, i.e., the sender's address is written on the left hand side in French.

(c) When the person to whom you are writing has a title, use it in the opening;

Monsieur le directeur ; Madame la Présidente ; Monsieur le chef du personnel, etc.

(d) There is no need to use *Cher* . . . .

(e) There are certain polite phrases which can be incorporated into this type of letter:

(i) *Je vous serais très reconnaissant(e)* . . . I would be very obliged to you . . .
(ii) . . . *de bien vouloir* . . . to be so good as . . .

(iii) *Veuillez . . .* please . . .(used only in written communication, not oral. Infinitive of verb always follows. It is very formal. Certainly not used between penpals).
(iv) . . . *trouver ci-joint* find enclosed
(v) *J'espère vous lire* I hope to hear from you
(vi) *J'attends impatiemment / avec impatience . . .* I look forward to . . .
(vii) *Par retour du courrier* by return of post

(f) A major point is the elaborate ending, which does not translate well into English without hilarious results: 'I implore you, sir, to accept the expression of my most distinguished feelings'. In short, 'yours faithfully'.
(g) Often, students take the word *agréer* from the sign-off, and use it to say that they 'agree' with someone. This is totally wrong! *Agréer* is only used in letters to mean acceptance. (I agree with you. *Je suis d'accord avec vous.*)
(h) Take note of the vocabulary relevant to making reservations:

- *la pension complète* full board
- *(verser) des arrhes* (to pay a) deposit
- *des tarifs réduits* reduced prices
- *séjourner / descendre dans un hôtel* to stay in a hotel
- *des installations* facilities (**not** f*acilités*)

Sample letter (Job Application): (Demande d'emploi).

Monsieur le Chef du Personnel,

Suite à votre annonce cherchant un prof d'anglais parue dans l'Irish Times du 5 courant, j'aimerais poser ma candidature pour le poste. Je m'appelle John O'Neill. J'ai trente ans et je suis irlandais. J'habite à Cork. Je suis professeur de français et de gaëlique dans un collège mixte depuis sept ans.

Votre annonce m'attire parce que cela me ferait grand plaisir d'habiter et d'enseigner en France. L'occasion me permettra de rencontrer les Français et d'améliorer aussi ma connaissance du français. Qui plus est, je suis titulaire d'un brevet pour l'enseignement d'anglais comme langue vivante, obtenu en 1991 à Dublin. J'ai de l'experience pour ce genre de travail. J'ai travaillé dans un collège à Cork pendant trois trimestres d'été de quatre semaines chacun, de 2002 à 2006.

Je vous serais très reconnaissant de bien vouloir m'envoyer des renseignements supplémentaires à l'égard de ce poste. Où serai-je logé ? L'hébergement est-il fourni ? Combien d'élèves y aura-t-il par classe? Quel âge ont-ils ? Quel sera le salaire ?

Je joins une lettre de recommandation de mon employeur et mon curriculum vitae, comme requis. Je serai disponible du 1er juillet au 15 août. N'hesitez pas à me contacter si vous désirez d'autres renseignements.

Veuillez agréer, monsieur, l'expression de mes meilleurs sentiments,

NOTES:

(a) Notice the title of the addressee, *Monsieur le Chef du Personnel* Dear Head of Personnel.

(b) You outline such a letter by saying:

(i) where you saw the ad
(ii) why you are interested
(iii) how suitable for the job you think you are
(iv) why you want the position
(v) ask relevant questions
(vi) remember the polite sign-off.

(c) Note further the useful phrases:

(i) *suite à l'annonce . . .* with reference to the advertisement. . .
(ii) *je voudrais poser ma candidature* I'd like to apply
(iii) *l'annonce m'attire* the advertisement interests me
(iv) *cela me ferait grand plaisir . . .* it would give me great pleasure to . . .
(v) *l'occasion me permettrait de . . .* the opportunity would enable me to . . .
(vi) *d'améliorer . . .* to improve (you can almost see *meilleur* in this word) – don't forget to repeat the preposition **de** before each infinitive governed by verbs like *permettre*
(vii) *un brevet* a certificate
(viii) *logée* put up, i.e. loged, accommodated
(ix) *l'hébergement* accommodation
(x) *je joins* I enclose (remember *Veuillez trouver ci-joint*)
(xi) *une lettre de recommandation* a reference; also *des lettres de references.*
(xii) *je serai disponible* I'll be available

(d) Observe the alternative style of signing off.

EXERCISE LETTER (WITH GAPS):

1. Demande d'emploi

You are applying for a job as an assitant in a bookshop in Besançon. You include the following details:

(a) you wish to gain experience of working abroad and to improve your French language skills
(b) tell the manager that you have computer and word-processing skills
(c) you already have experience in this type of work
(d) tell the manager when you would be available for work
(e) ask him/her for details about salary, hours of work and training
(f) ask whether they can cover the costs of moving to France.

Wexford, le 9 mai 1998.

Madame . . . . Directrice,

. . . . à votre petite annonce que vous avez fait . . . . dans Le Monde . . . . 8 courant, J'ai l'honneur . . . . solliciter ma candidature au poste de vendeur dans votre maison de la presse . . . . Besançon. Je . . . . présente. Je m' . . . . Paul O'Neill et j'habite à Wexford, ... se trouve . . . . le sud-est de l'Irlande. J'ai vingt-neuf ans.

Le poste a retenu mon attention parce que, ... longtemps, je compte travailler à l'étranger . . . . gagner de l'expérience de . . . . genre de travail et pour perfectionner ma . . . . du français. Je . . . . vendeur depuis six ans et je sais manier un ordinateur et utiliser un traitement . . . . texte.

Si vous voulez me convoquer pour un entretien, je voyagerai . . . . France. En cas de réussite, je . . . . disponible à . . . . de la fin juin.

Je vous serais très . . . . de bien vouloir me donner quelques renseignements sur l'emploi. Quel sera mon salaire ? Est-ce qu'il me faudra faire de la formation ? De combien de temps libre . . . . -je ? Est-ce que votre société . . . . me rembourser les frais . . . . déménagement ?

Finalement, je joins dans cette lettre mes . . . . de recommandation. Veuillez m' . . . . un dossier de candidature.

Je vous . . . . d'agréer, Madame, l'expression de . . . . sentiments distingués.

2. Un client mécontent

You write to a camera shop in France where you bought a camera. The camera is not working, so you complain. In your letter, tell them that:

(a) you are most displeased with such an expensive camera
(b) the problem arises when you want to develop the film
(c) you are sending back the camera either for repair or compensation.

Appartement 323 Avenue Molière, Avignon.	Appareils-Photo deBrie 7, Place de la Mer, Clermont.
	<u>Avignon le 12 mai 2006</u>

Monsieur,

Je suis au regret de vous informer que l'appareil-photo de haut de gamme, ... j'ai acheté chez vous .... mai pour mon séjour .... Suisse, ne .... pas. Cela m'a coûté cher. Nous n'avons pas remarqué le problème avant d'avoir fait développer le film. La moitié du bas de chaque photo est noircie. Cela m'a beaucoup déçu. On n'a plus de souvenirs de .... séjour dans un si beau pays.

Je veux me plaindre auprès de la direction de votre entreprise. Je .... renvoie mon appareil. Ou bien vous le réparez ou bien vous allez me dédommager de la perte.

Dans l'attente de recevoir de vos nouvelles, veuillez agréer, monsieur, mes meilleurs sentiments.

Vocabulary

haut de gamme	top of the range
Je veux me plaindre . . .	I wish to complain . . .
auprès de la direction	to the management
dédommager de la perte	compensate for the loss

3. Une Lettre de Plainte

Patrick Walsh
Teeling St
Ballina
Co. Mayo
Irlande

Syndicat de St. Cyr
Rue des Peupliers
St Cyr

Ballina, le 14 août, 2006.

Messieurs,

J'ai le .... de me plaindre de votre organisation. Il .... de notre séjour que nous .... passé au camping municipal .... St. Cyr. Ma famille et moi avions l'intention d'y rester pendant une semaine. Le camping n' .... pas répondu à mes espérances pour les raisons qui suivent:

(1) Notre emplacement, ... j'avais déja réservé .... mars, se .... trop près des poubelles et le camping .... sale.
(2) La brochure disait .... le camping était situé .... 1 km .... mer. En fait, il se trouve à 5 km du littoral.
(3) Les douches .... de l'eau froide.
(4) Il y .... trop de bruit tous .... soirs.
(5) Quand je me suis approché de la gestion, elle n' .... pas très polie.
(6) La salle de jeux .... fermée pendant trois jours sans explication.

Un autre visiteur m' .... conseillé .... vous écrire pour obtenir dédommagement, parce que notre séjour a été gâché. Je vous serais reconnaissant de bien .... me dédommager de notre insatisfaction.

Je vous prie d'...., messieurs, l'expression .... mes sentiments distingués.

4. A letter to a job agency

You are two Leaving Cert. students who are interested in working in the South of France during the grapepicking season in September. Write a letter to the A.N.P.E. (Agence National Pour l'Emploi) in Perpignan for information about grape picking work.

Padraig O'Shaughnessy
Graiguenamanagh,
Co. Kilkenny,
Irlande.

Le Directeur / La Directrice
A.N.P.E.
Perpignan
France.

Dublin, le 2 mars, 2006.

Messieurs,

Je vous écris de la part . . . . mon copain et moi. Nous . . . . le Leaving Certificate (l'équivalent du bac) . . . . juin, cet été. Nous . . . . l'intention de travailler . . . . sud . . . . France avant . . . . commencer nos études à la Faculté. Il nous faut gagner . . . . argent pour nos frais l'année prochaine, donc nous espérons trouver du . . . . . Nous . . . . choisi les vendanges, parce que cela nous permettrait de gagner . . . . argent et . . . . rencontrer d'autres Européens.

On sera disponibles pour le travail à partir . . . . septembre. On . . . . assez bien le français. Si des viticulteurs . . . . besoin de vendangeurs, je . . . . serais reconnaissant de bien vouloir nous . . . . savoir. Pourriez-vous nous envoyer des renseignements . . . . la rémunération et l'hébergement ?

Nous attendons votre réponse.

Je vous . . . . d'. . . . , messieurs, l'expression . . . mes sentiments distingués.

NOW TRANSLATE SOME LETTERS:

NOTE: Remember to acquire and use idiomatic French. This is much better than translating word-for-word.

1. An insurance claim

Dear Sir / Madame,

I am writing to you in relation to my motor insurance policy number NUT 5487. I wish to make a claim on this policy in connection with a recent car accident. My car is a Ford Escort purchased second-hand in 2002.

The accident happened at the traffic lights at the junction of the rue De Gaulle and Avenue Bayle. When the lights changed to green, I started to move forward and a BMW broke the lights. The driver braked but his car ran into my car. The estimate for the damage to my car is 600 euros.

Nobody was injured and there were witnesses. If there is a form to fill in, I would be obliged if you would send me a copy.

Yours faithfully,

Vocabulary

in relation to	*à l'égard de, en ce qui concerne*
to make a claim	*réclamer l'indemnité*
insurance policy	*une police d'assurance*
second-hand	*d'occasion*
junction	*le carrefour*
to brake	*freiner*
to run into (i.e. collide)	*heurter*
estimate	*le devis*
witness	*un témoin*
a form	*un formulaire*

2. The rent (la location) of a house in Les Sables-d'Olonne

Dear Madame Picard,

Lately I've been looking for a small summer house in a quiet resort in the West of France. I wrote to the local 'syndicat d'initiative' for information. I received a letter today in which they gave me your name. The 'syndicat' tell me that you have a house for rent in August. Is that true? If the house is available, I would like to rent it for two weeks in August.

I would be delighted if you could give me the following information:

(i) How much is the rent per month?
(ii) How far is it from the nearest town?
(iii) Is the house far from the beach?
(iv) How many rooms has the house?
(v) What is there to do in the area?

I look forward to hearing from you concerning this matter.

Yours faithfully,

Vocabulary

resort (summer)	*une station (estivale)*
for rent	*à louer*
How far is it to . . . ?	*Combien y a-t-il jusqu'à . . . ?*

Diary Entry

SAMPLE:

A. While staying in the youth hostel in Bayeux, you meet several foreign students with whom you become friendly. One night, you all decide to tour this famous town. Write an account of the evening in your diary.

Samedi, le 6 juin : I've been here for three days without meeting many people. Now, as it's Saturday, many new students have arrived. The hostel is noisier with the sound of several different languages.

At dinnertime, which we all cook by ourselves, I introduce myself. The students are very warm ***[accueillants]*** *and interesting. We get on very well. They come from Germany, Poland, Norway and elsewhere.*

It was decided ***[On a décidé]*** *to look around the town, which is as big as Wexford Town. First, we viewed the famous Bayeux Tapestry, which has to do with the Battle of Hastings. Then we went to hear the 'Sons et Lumières' at the ancient cathedral. It was extremely good. Finally we went to a café-bar for a drink and a chat before returning to the hostel at 10 o'clock.*

The Reaction Question

This section of the book can be studied in unison with the section on 'Creative Writing'. The 'Reaction Question' as it could be called, refers to a newspaper article, cartoon or photograph which deals with a serious topic relevant to today's world. You are then asked to give your reaction to the article or picture in 75 words. As already said in the creative writing section, you cannot waffle with this one! It is too short. There are a few 'pointers' which you can use to tackle this question:

1. Understand the headline which tells you what the topic is about. So then you can anticipate what kind of text will follow.

2. Read the column/article at least twice – the first time rather quickly to get an idea of what is happening in the item; the second time more slowly. You get a first impression. Now you should underline key words which help to assess briefly the theme.

3. You can now write your opening sentence; this gives you the confidence to get moving. It wastes time when you are stuck on your first line. There are useful 'openers' for this purpose:

dans cette rubrique	column
ce qui nous préoccupe, c'est	what we're dealing with here is
cet article se rapporte au	refers to the
il s'agit des	it's about

4. Give your own reaction to these events. What is your own opinion?

5. Draw a conclusion:

tout compte fait	at the end of the day
pour conclure	to conclude

SAMPLE:
A graph illustrating the extent and spread of world debt appeared on a LC Written section. You were asked to write your reaction to it. The typical phrases and vocabulary are highlighted in the passage below.

(i) In the first place, have a few 'openers' as already mentioned. The purpose of them is to give you a start and to overcome your apprehension, e.g.:

La Dette Mondiale

Cette graphique se rapporte à (1) la dette des pays sous-développés. Il s'agit du (2) tiers monde (3) et son rapport avec les pays riches occidentaux (4).

(ii) Then, give your own view.

Celles-ci prêtent (5) d'énormes sommes d'argent aux pays défavorisés (6). La graphique montre que (7) ces pauvres pays ont la plupart des dettes du monde, at ils doivent rembourser (8) ces dettes avec intérêt, ce qui les rend (9) plus pauvres. Les pauvres pays ne peuvent pas se déveloper à cause du fardeau (10) de la dette.

Nous pouvons aider ces pays à devenir moins pauvres. Comment? Il faut annuler (11) leurs dettes aux pays de l'ouest. Je suis ravi de voir quelques vedettes de musique at du cinéma qui sont en train de (12) persuader les gouvernements de réduire ou d'annuler les dettes.

(iii) Verbs which take infinitives (*vouloir, pouvoir, aller, devoir*) are essential for expressing a viewpoint.

(iv) Then conclude. Asking a few questions is not a bad way to sum up, e.g.:

Pour conclure/Tout compte fait, (13) C'est la seule façon de diminuer (14) le fardeau. Est-ce qu'il y a la volonté (15) d'aider les pauvres? Je doute que ce soit ainsi. (16)

(150 mots)

(1) refers to
(2) It has to do with
(3) the third world
(4) western
(5) These (ones) lend
(6) destitute/deprived
(7) shows that
(8) have to pay back
(9) makes (used with an adjective)
(10) burden
(11) We have to cancel
(12) in the middle of (doing something)
(13) To conclude/All things considered
(14) to reduce
(15) the willpower
(16) doubt that this is so

SAMPLE:

Department Sample Paper **(75 words)**

(a) La plus belle femme de France

LA PLUS BELLE FEMME DE FRANCE, C'EST PEUT-ÊTRE VOUS . . .

Après 'Miss France' voici 'Mme France': une compétition pour les femmes de 20 à 30 ans, mariées, divorcées, mères de famille ou non. Vous faites 1,70m, vous êtes libre le week-end ? Envoyez votre candidature (*) et une photo en pied au plus tard début novembre. L'élection se déroulera le 10 décembre à Chartres.

(*) Mme Mangapatty, 3, allée j. Mermoz 93390 Clichy-sous-Bois.

Ce dont il est question ici, c'est les compétitions de beauté. Dans cet article, ce concours a pour but de trouver 'Madame France', destiné aux mariées, aux mères de famille, et ainsi de suite. Il y a ceux qui croient que ces concours sont offensifs et démodés. Pourtant, c'est un petit divertissement pour les femmes. Elles ne vont que s'amuser sans être exploitées comme les jeunes mannequins. Je doute qu'il y ait une fortune à gagner. Ce n'est pas une grande affaire.

(b) Non au téléphone de voiture !

NON AU TÉLÉPHONE DE VOITURE !

Je suis tout à fait de l'avis votre lectrice qui, dans le n°5869, critiquait le téléphone de voiture. J'ai même déjà écrit à la Sécurité routière dans ce sens. Et je souhaite que vous ayez beaucoup de courrier à ce sujet et qu'il sera pris en considération. On ne peut en effet suivre correctement sa route et prendre part en même temps à une conversation téléphonique qui peut être plus ou moins tendue, animée, triste ou passionnée.

J. Couttenoire, Tarare (69)

Cet article parle du phénomène du téléphone de voiture. Cet appareil est très populaire. C'est presque un symbole de statut. À mon avis, ils sont dangereux pour deux raisons. D'abord, une enquête récente a révélé que ces téléphones peuvent porter atteinte à la santé de l'utilisateur. Cela est dû aux rayons électro-magnétiques du téléphone.

Deuxièmement, je suis d'accord avec ce lecteur qu'on ne peut pas participer à une conversation et conduire en même temps. Comment tenir le combiné et changer de vitesse, tenir le volant et clignoter ? D'ailleurs, l'usage du téléphone de voiture tout en conduisant est contraire à la loi en Irlande.

SAMPLE ARTICLE

Divorce

Il est clair que les soucis des gouvernants (ministres, députés, journalistes, etc.) sont bien différents de ceux de la piétaille. Les premiers pensent fascisme, racisme, fiscalisme et mondialisme, alors que le menu peuple (celui des électeurs) pense emploi, pouvoir d'achat, immigration et insécurité. Quel divorce ! Les premiers rêvent, les seconds subissent.

Cette rubrique ne se rapporte pas au divorce commun, soit entre mari et femme. Il s'agit du fait que les 'élus', les hommes et les femmes politiques vivent dans une rêverie. C'est-à-dire, qu'ils ne sont pas sensibles aux besoins de l'homme et de la femme de la rue. Le gouvernement ne s'inquiète ni de l'insécurité ni du chômage des citoyens. À la place, ils font attention aux problèmes académiques tels que le fascisme et le mondialisme. Par contre, le peuple subit tous les grands problèmes de la vie.

Vocabulary

. . . ne se rapporte pas au . . .	. . . has nothing to do with . . .
les 'élus'	the elected representatives
sensibles	sensitive (Note: the French word *prudent* means 'sensible')
une rêverie	a dream
par contre	on the other hand
le peuple subit . . .	the people are subjected to . . . (*subir* includes the preposition 'to')

Donnez vos réactions à l'un des documents qui suivent, (a) ou (b)

VOS DROITS, VOS DEVOIRS

Par les temps qui courent, il n'est pas superflu de connaître tous ses droits ainsi que ses obligations en matière d'emploi, même pour un job.

(a)

OU

(b)

TABLEAU DE BORD

Zoom

2 MILLIARDS DE LITRES DE BIÈRE CONSOMMÉS EN 2005

Le marché de la bière en France se stabilise enfin ! Après avoir baissé de 25% en plus de vingt ans, il devrait connaître une petite hausse de 0,5% cette année. Les Français devraient consommer plus de deux milliards de litres de bière. Un rebond de la consommation qui s'explique par le succès, notamment auprès des jeunes, des bières faiblement alcoolisées. Avec une production de 1,6 milliard de litres, la France est le cinquième producteur européen. Le Français demeure toutefois un consommateur modeste avec seulement 33.4 litres par an.

Donnez vos réactions à l'un des documents qui suivent, (a) ou (b)

(a)

Mariage, union libre : la fidélité garde la cote

Diriez-vous qu'être fidèle est une obligation ou pas une obligation pour :

	Un couple marié	Un couple vivant en union libre
C'est une obligation	**88**	**70**
Ce n'est pas une obligation	12	29
Sans opinion	0	1
	100%	100%

OU

(b)

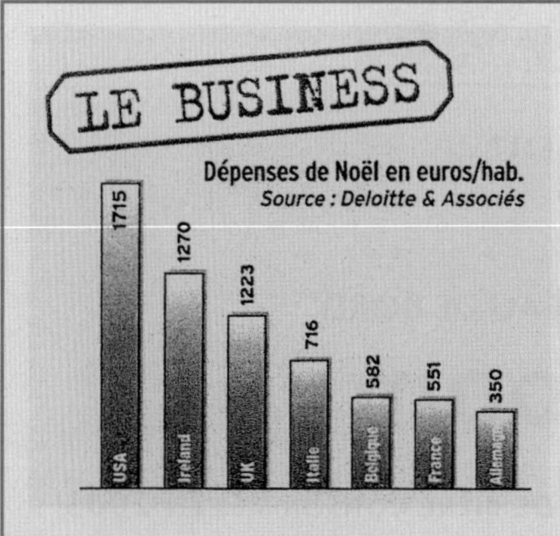

L'EUROPE DU CADEAU

Traditionnellement, les Anglo-Saxons dépensent plus lors des fêtes de fin d'année. La Grande-Bretagne est d'ailleurs le seul pays d'Europe où les achats de Noël ont augmenté ces dernières années : +14% en 3 ans contre –38% en Allemagne. Les Belges achètent plus de cadeaux, mais moins coûteux.

Section 5 – The Listening Comprehension Test (Aural Examination)

This exam now lasts 40 minutes, and involves 5 sections. It takes place immediately after the conclusion of the written paper.

The Listening Comprehension (Aural Examination) is worth 80 marks, that is, 20% of the entire examination.

Each individual question in the Listening exam is worth 3 marks for the first 4 sections and 2 marks each in Section 5. Each section varies depending on the number of questions.

Here are several points which will hopefully help you through the aural examination:

1. To start with, get as much practice as possible listening to tapes. You could also tune in to French radio, watch TV5 and French films. Regarding the latter, you could read the sub-titles while, at the same time, listening to the actual words spoken. This way you can connect the English version with the French one.
2. Use the CD which is with this book. Listen to it regularly, perhaps for 10 minutes per day to begin with, slowly building it up to a length of time which suits your own needs. Obviously, the more French that you listen to, the more that you will understand and learn. Furthermore, buy a tape at the proper level of difficulty. A tape which is either too easy or too hard is of little use.
3. Keep a small notebook to jot down vocabulary which relates to different topics that appear during trial tapes used in class during the year. Such topics might crop up again. This *carnet de vocabulaire* would also be useful for the 'Opinion / Reaction' questions.
4. The advantage of sitting the aural exam after the written one is that your mind should be well 'switched-on' in French. The French language ought to be 'buzzing' inside your mind. You are ready for the tape.
5. The supervisor must allow you 5 minutes before starting the tape to read the questions and instructions. Use this time fully and sensibly. Avoid the temptation to gaze nervously around at your classmates in an effort to get their reaction. This will actually render you more nervous!
   Instead, acquaint yourself with the questions. Be clear about the task ahead, because once the tape is played, there can be no interruptions.

6. Underline, if you have the time, the various question words, such as 'what, when, how long, give reasons, how many, etc.'
7. Note also the number of times that a section will be played. It is usually 3 times for Sections 1–4 but twice for Section 5.
8. All students have a tendency to write down answers while the tape is still playing, just because they wish to get that question answered and out of the way. However, this is inadvisable, because, while a student is writing, the tape continues; the student is concentrating on his particular answer, and therefore does not hear the rest of the tape. If the section is being played 3 times, this student will now limit him/herself to 2 plays! So, write answers during the gaps in the tape. That is what they are for.
9. Naturally write your answers in English (except, of course, place names, etc. which have no English translation). Isolated answers in French may be tolerated but usually, if a whole section is anwered in French, 10% of your marks may be deducted. Complete sentences for answers are not always necessary.
10. If you do not know the answer to a question, at least guess! A blank line earns a zero. Make some educated effort; there is still a possibility that you will get some marks. This applies especially to MCQ's (Multiple-Choice Questions) whereby you have a 25% (1 in 4) chance of being correct.
11. Always read the questions before hearing the tape. This way you will know what to expect in terms of vocabulary and content.
12. The questions are almost always in the same order as the answers heard on the tape.
13. Finally, it might help to listen to a French tape on the morning of the French exam. This may enable you to attune your ear to the language.

STATE EXAMINATION COMMISSION
LEAVING CERTIFICATE, 2007
LISTENING COMPREHENSION TEST

SECTION I

TRACK 1

Three holidaymakers, Florence, Jean-Luc and Sofie, complain about the high cost of holidays. You will hear the material **three** times: first right through, then in **three segments** with pauses and finally right through again.

1. **Florence**
   How much are Florence and her family paying for their holiday accommodation?

   ____

2. **Jean-Luc**
   Name **one** expense that forces Jean-Luc to overspend his holiday budget.

   ____

3. **Sofie**
   (a) Why does Sofie consider herself lucky?

   ____

   (b) Why does Sofie's father telephone her frequently?

   ____

SECTION II

TRACK 2

In this interview, Doctor Bernard Kouchner puts the case for *le service civil,* a civic national service scheme for young people.

The material will be played **three** times: first right through, then in **four segments** with pauses and finally right through again.

1. Name **two** opportunities which the civic national service scheme can offer to young people.
   (a) ______________________________
   (b) ______________________________

2. *(a)* Where does Dr Kouchner suggest the civic service might take place?

   ____

   (b) What do we learn about the Lyon students' visit to Egypt?

   ____

3. Why does Dr Kouchner suggest the civic service could be done in stages?

4. Name **two** practical benefits that could be offered to those who take part in the civic national service scheme.
   (a)
   (b)

SECTION III

TRACK 3

You will hear a conversation between Brigitte and her boyfriend Didier.

The material will be played **three** times: first right through, then in **three segments** with pauses and finally right through again.

1. *(a)* What does Didier tell Brigitte he has just done?

   (b) What did Monsieur Chartier want Didier to do?

2. Give **two** reasons why Didier doesn't want to miss training.
   (a)
   (b)

3. *(a)* How did Didier express his anger at Monsieur Chartier's request?

   (b) What does Brigitte think that Didier should have done?

SECTION IV

TRACK 4

You will hear an account of the consequences of a fire in Rouen.

The material will be played **three** times: first right through, then in **four segments** with pauses and finally right through again.

1. Name **two** things that occurred after the arrival of the firefighters, according to Daniel Garnier.
   (a)
   (b)

2. *(a)* Which group of people was most affected by the incident?

   (b) Why was Jean-Paul Boulmé unhappy?

3. Give **two** reasons why Sébastien Mouchon did not have too many problems.
   (*a*) ______________________________
   (*b*) ______________________________

4. What did the mayor do after visiting the site of the fire?

   ____

SECTION V

You will hear each of **three** news items **twice**.

TRACK 5

1. How much did this person win in the lottery?

   ____

TRACK 6

2. (*a*) Who made the seizure of cocaine?

   ____

   (*b*) In which country was the lorry registered?

   ____

TRACK 7

3. What is the weather forecast for tomorrow?

   ____

2007 Transcript

TRACK 1

Florence

Comme nous logeons dans un petit appartement, nous ne payons que 700 euros pour les vacances. Mais tout est cher autour ! Dimanche, nous avons payé 13 euros pour duex cafés et les deux jus d'orange des enfants. Nous ne sommes pas encore allés au restaurant, mais on n'ira qu'une fois.

Jean-Luc

On a loué pour une semaine un emplacement de camping pour mobil home. Cela nous coûte 400 euros. On a aussi fixé un budget de vacances, mais il est impossible de ne pas le dépasser ! Surtout qu'il faut ajouter le prix des repas et celui de l'esseance qui sont vraiment très chers.

Sofie

Je suis en vacances à Narbonne et je trouve que la vie est très chère ice mais j'ai la chance d'avoir un père qui met de l'argent sur mon compte en banque régulièrement. Par contre, il m'appelle très souvent pour me demander d'arrêter de dépenser son argent !

TRACK 2

Interviewer: Le service civil, c'est une nouvelle aventure citoyenne?

Dr Kouchner: Oui. Tout le monde, ou presque, semble d'accord sur le principe du service civil. Idéalement, tous les jeunes devraient y participer. C'est l'occasion de sortir de chez soi, d'apprendre la solidarité et d'aller à la rencontre des autres.

Interviewer: Et où ce service civil pourrait-il se passer?

Dr Kouchner: Cela peut se passer à côté de chez soi, dans la campagne française ou dans le tiersmonde. Je me souviens d'une experience avec des élèves d'un lycée agricole à Lyon qui sont rendus en Égypte, dans la vallée du Nil. Ça s'est passé merveilluesement ! Ils sont revenus totalement transformés.

Interviewer: La durée du service, c'est un autre sujet à controverse?

Dr Kouchner: N'exagérons pas ! Être citoyen de son pays pendant six mois de sa vie, ce n'est pas demander la lune ! On peut s'adapter. Et pour ne pas poser des problèmes aux étudiants, on pourrait même fractionner le service en épisodes de deux ou trois mois qu'on pourrait effectuer pendant les vacances.

Interviewer: Comment pourrait-on récompenser ces jeunes?

Dr Kouchner: On peut envisager de payer aux jeunes leur permis de conduire, de leur offrir des stages préférentiels chez les pompiers ou les nageurs sauveteurs ou de leur donner un peu d'argent pour entrer dans la vie active. Ils doivent pouvoir en tirer un benefice.

TRACK 3

Brigitte: Didier, tu as l'air furieux. Qu'est-ce qui s'est passé?

Didier: Ça y est, c'est fini ! Je ne travaille plus à la station service ! Je viens de démissionner.

Brigitte: Mais pourquoi? Je croyais que cet emploi te convenait bien.

Didier: Oui, mais jusqu'à maintenant, je travaillais seulement le jeudi et le samedi. Voilà que le patron, Monsieur Chartier, insiste pour que je travaille le vendredi soir aussi.

Brigitte: Mais tu gagneras plus d'argent comme ça. Pourquoi est-ce que c'est un problème?

Didier: Tu as oublié que je m'entraîne avec l'équipe de foot le vendredi soir. Je ne veux absolument pas manquer ça. La finale du championnat aura lieu dans quinze jours, tu sais. En plus, je suis le seul gardien de but depuis que le pauvre Philippe s'est cassé la jambe la semaine dernière.

Brigitte: Mais … tu as expliqué tout ça à Monsieur Chartier?

Didier: À vrai dire, j'ai dit «non» tout de suite, sans hésiter. Et j'étais si furieux que je suis même sorti en claquant la porte.

Brigitte: Oh, Didier, tu as eu tort ! Ce n'est pas raisonnable. Tu aurais dû réfléchir un peu avant au lieu de perdre la tête comme ça et essayer de trouver un compromis. Tu n'as pas été très poli non plus.

Didier: Oh, laisse-moi tranquille Brigitte ! J'en ai marre de tout !

TRACK 4

À Rouen, dimanche matin, à la suite d'un incendie, trois mille foyers ont été privés d'électricité. Un témoin de l'incident, Daniel Garnier, raconte son expérience :

> « J'ai entendu un boum et ensuite j'ai vu les pompiers arriver. Une demi-heure après, il n'y avait plus de lumière, mon congélateur s'est arrêté et l'ascenseur de mon immeuble ne fonctionnait plus ! »

Les principales victimes de la coupure de courant ont été les commerçants du marché qui sont restés sans électricité jusqu'à 10h00 du soir. Jean-Paul Boulmé, marchand de fruits, n'était pas très content :

> « Nous ne pouvions pas peser la marchandise avec nos balances électriques et nous avons perdu deux heures de vente ! »

Mais Sébastien Mouchon, qui tient une poissonnerie, n'a pas eu trop de problèmes :

> « J'ai eu de la chance car, moi, j'ai de la glace pour conserver le poisson. Nous avons aussi les camions frigo, à proximité, pour garder les produits au frais. »

Vers 11h00, le Maire de la ville s'est rendu sur les lieux du sinistre avant d'aller expliquer la situation aux commerçants. Les électriciens étaient encore sur place l'après-midi pour réparer les dégâts.

TRACK 5

1. Un joueur français a gagné vendredi soir 64 millions d'euros lors du tirage de l'Euro millions. Il a préféré rester anonyme.

TRACK 6

2. Hier matin, à la frontière, les douaniers français ont saisi dix-huit kilos de cocaïne lors d'un contrôle sur un camion. Les chauffeurs du véhicule, immatriculé en Autriche, ont déclaré ignorer la presence des stupéfiants.

TRACK 7

3. Demain, dans le Nord du pays, le ciel sera couvert avec des risques d'averses l'après-midi. Les températures ne dépasseront pas 12 degrés.

STATE EXAMINATION COMMISSION
LEAVING CERTIFICATE, 2006
LISTENING COMPREHENSION TEST

SECTION I

You will hear an interview with Jamel Debbouze, one of France's best known young comedians. You will hear the material **three times**: first right through, then in **three segments** with pauses, and finally right through again.

TRACK 8

1. (*a*) What does Jamel says about his time in school?

   ____

   (*b*) What did Jamel do at the age of fourteen?

   ____

2. Of what is Jamel afraid?

   ____

3. How does Jamel keep his feet on the ground?

   ____

SECTION II

You will hear Laure Cailloce, an expert on languages.

The material will be played **three times**: first right through, then in **four segments** with pauses, and finally right through again.

TRACK 9

1. According to Laure, what will happen by the end of the century?

   ____

2. How, according to Laure, might one language replace another? (**two** points)

   (*i*) ______________________________________

   (*ii*) _____________________________________

3. (*a*) Name one feature that is lost for ever if a language dies out?

   ____

   (*b*) What are we told about certain peoples in the Pacific region?

   ____

4. (*a*) To what is every language closely linked?

   ____

(*b*) What is the current position of the Corsican, Breton, and Basque languages in French schools?

____

SECTION III

Hélène and Bertrand are discussing their father's forthcoming birthday.

The material will be played **three times**: first right through, then in **three segments** with pauses, and finally right through again.

TRACK 10

1. (*a*) Bertrand says the birthday is coming at a bad time. Why?

____

(*b*) Give one reason why Bertrand suggests a mobile phone as a present.

____

2. (*a*) Why does Hélène disagree with his choice? (**one** point)

____

(*b*) What advice does Hélène give Bertrand?

____

3. (*a*) Why does their mother think that Hélène's suggestion is a good idea?

____

(*b*) What does Bertrand ask his sister to do?

____

SECTION IV

You will hear an interview with Nathalie Kosciusco-Morizet, the youngest member of France's national Assembly.

The material will be played **three times**: first right through, then in **four segments** with pauses, and finally right through again.

TRACK 11

1. What should women no longer accept?

____

2. (*a*) Give **one** reason why Nathalie thinks women are put off politics.

____

(*b*) Why, according to Nathalie, might a husband find it difficult to accept a wife who is involved in politics? Give **two** reasons.

(*i*) ______________________________

(*ii*) ______________________________

3. Name **two** features of the political world, one **negative**, one **positive**.

(Negative) ______________________________

(Positive) ______________________________

4. What message does Nathalie give to women?

____

SECTION V

You will now hear each of **three** news items **twice**.

TRACK 12

1. (*a*) What sport is mentioned in this news item?

____

(*b*) Which country did the French team play in the semi-final?

____

TRACK 13

2. How was the teenager injured?

____

TRACK 14

3. Why were two people arrested?

____

2006 Transcript

TRACK 8

– Jamel, comment as-tu commencé ta carrière ?

– Je dois ma réussite professionnelle à mes échecs scolaires. Souvent bon dernier de la classe, je faisais des bêtises pour amuser les autres. J'ai quitté l'école à l'âge de 14 ans pour suivre des cours de théâtre.

– Tu as dis que tu es un grand stressé.
– Oui, la peur que ma carrière s'arrête me hante. Mes parents ont quitté le maroc pour la banlieue parisienne et on avait très peu d'argent. Aujourd'hui, je roule en Ferrarri, mais j'ai peur de tout perdre.

– Dans quel milieu te sens-tu le plus à l'aise ?
– Je peux m'adopter à n'importe quel milieu. Je travaille dans les clubs les plus célèbres de Paris, ce qui ne m'empêche pas de rentrer tous les soirs dans ma banlieue. Pour garder les pieds sur terre, j'ai besoin d'être entouré de mes copains du quartier et de ma famille.

TRACK 9

Le français va-t'il devenir, un jour, une langue morte? La question n'est pas ridicule. Tous les ans, vingt-cinq langues disparaissent, à ce rythme, la moitié des 6000 langues parlées actuellement aura disparu avant la fin du siècle.

Le principle est toujours identique. Un groupe dominant impose sa langue aux autres, soit par la force, comme l'anglais, l'espagnol, ou le portugais, soit par le pouvoir d'attraction d'une langue plus dynamique, dans ce dernier cas, les gens abandonnent volontairement leur langue.

Avec une langue ce n'est pas seulement un outil de communication qui disparaît, c'est toute une culture et une représentation du monde qui sont perdues à jamais. Par exemple, certain peuple du pacific savent nommer des centaines de poissons.

Chaque langue est intimement liée à l'identité du peuple qui la parle. C'est le cas du corse, du breton, du basque en France. Après des années de combat, on a le droit maintenant de les enseigner dans les écoles et les lycées même s'ils ne concernent qu'un petit nombre d'élèves.

TRACK 10

Hélène: Bertrand, c'est le cinquantième anniversaire de papa dans deux semaines. On se cotîse, comme d'habitude?

Bertrand: Je l'avais complètement oublié. Enfin ça tombe mal, je suis fauché en ce moment car je viens de payer mon abonnement au gymnase.

Hélène: Quand même il faut que nous lui offrions quelque chose de vraiment spécial.

Bertrand: Je sais, un nouveau portable. Celui qu'il a est vraiment démodé et maintenant ils sont très bon marché.

Hélène: Mais papa en a déjà un, et tu sais bien qu'il se fiche absolument de la technologie, il veut seulement que ça marche.

Bertrand: Mais moi, j'aimerais bien.

Hélène: Écoute, je te conseille de réfléchir à ce dont papa aurait envie et pas à ce qui t'intéresse. Moi, je pensais plutôt lui offir un week-end de détente dans un bel hôtel. Tu sais qu'il travaille comme un forcené au boulot en ce moment.

Bertrand: Tu en as parlé à Maman, qu'est-ce qu'elle en pense?

Hélène: Que c'est une très bonne idée ! Elle est convaincue que papa rentrera de là, avec le moral remonté. Et j'ai même trouvé, une offre spéciale sur le web qui ne coûtera que 160 euros.

Bertrand: D'accord. Ça peut aller, faut que je m'arrange pour l'argent, je n'ai vraiment pas un sou en ce moment, tu pourrais m'en prêter peut-être. Je te rembourserais à la fin du mois.

TRACK 11

– Nathalie, les femmes sont toujours peu nombreuses en politique. Pourquoi ?
– Les femmes font trop peu de politique et surtout trop tard. Dans ces conditions elles ne pourront jamais aller aussi loin que les hommes. Tout simplement parce qu'elles ont 20 ans de retard sur eux. Les femmes ne doivent plus accepter d'attendre d'avoir élevé leurs enfants pour se lancer.

– Pourquoi est-ce plus difficile pour une femme de s'engager dans la politique ?
– Elles pensent que ce n'est pas un monde pour elles. Trop de dureté, de sacrifices, de temps perdu et j'ajoute qu'il faut aussi la chance d'avoir un mari qui accepte une femme qui fait de la politique. Une femme qui ne soit jamais là, et qui passe son temps avec d'autres hommes.

– Décrivez le monde politique.
– C'est un monde dominé par l'égoïsme et l'orgueil. Mais aussi un monde remplit de surprises et de découvertes. Quand on a le virus de la politique on ne peut pas être heureux sans en faire.

– Il faut être une tueuse pour arriver au sommet.
– Franchement, je ne crois pas et je ne me sens pas l'âme d'une tueuse. Au contraire, j'aime aider les gens, d'ailleurs, je le dit à toutes les femmes 'Venez faire de la politique, je vous aiderais'.

TRACK 12

1. À Zurich, hier, la France est devenue championne d'Europe de hand-ball pour la première fois de son histoire. Après leur victoire en demi-finale face à la Croatie, championne Olympique, les français ont battu en finale, l'Espagne, 31 à 23.

TRACK 13

2. Un adolescent de 14 ans est entre la vie et la mort après avoir été frappé par la foudre, samedi, alors qu'il s'abritait sous un arbre près de Deauville.

TRACK 14

3. Deux jeunes ont été interpelés par la police lundi soir alors qu'ils tentaient de prendre de l'argent dans un distributeur avec une carte volée. Ils comparaîtront devant le tribunal demain.

STATE EXAMINATION COMMISSION
LEAVING CERTIFICATE, 2005
LISTENING COMPREHENSION TEST

SECTION I

You will hear an interview with Julien, a contestant in the French talent competition '*Nouvelle Star*'.

You will hear the material **three** times: first right through, then in **three segments** with pauses and finally right through again.

TRACK 15

1. Name **one** job (apart from work in the music industry) that Julien did before taking part in the competition.

   ____

2. *(a)* What did Julien do at the age of twenty-five?

   ____

   (b) Name one **outdoor** activity that Julien enjoys.

   ____

3. Give **one** adjective that Julien uses to describe himself.

   ____

SECTION II

Thierry Henry, the France and Arsenal footballer, answers questions asked by a reporter from '*Aujourd'hui en France*'.

The material will be played **three** times: first right through, then in **four segments** with pauses and finally right through again.

TRACK 16

1. Thierry Henry has **two** mottos, one for life in general, one for football. Write them down.

   (a) ______________________________

   (b) ______________________________

2. *(a)* If Thierry was five minutes late from school, what would his father do?

   ____

   (b) Write down **one** piece of advice Thierry would give to a young person who wants to do well at football.

   ____

3. What is Thierry Henry's preferred option for an evening out?
   (a) To go to an Indian restaurant and a show. ❒
   (b) To spend a few hours in a good restaurant with his friends. ❒
   (c) To have a quick bite to eat and go to a club. ❒
   (d) To meet his friends and go for a drink. ❒

4. Name **two** ways in which Thierry's wife has a positive influence on him.
   (a) ______________________________
   (b) ______________________________

SECTION III

Xavier, Franck and Robert were asked to say what was the most memorable moment in their life as a father.

The material will be played **three** times: first right through, then in **three segments** with pauses and finally right through again.

TRACK 17

1. **Xavier**
   (a) What was Xavier's one desire when his son was born?

   ____

   (b) What sort of parents have always annoyed him?

   ____

TRACK 18

2. **Franck**
   (a) Franck told his daughter that school was wonderful. What else did he tell her about it?

   ____

   (b) At the end, Franck says he was very frustrated. Why?

   ____

TRACK 19

3. **Robert**
   (a) What was Robert's most memorable moment as a father?

   ____

   (b) Name **one** other occasion when Robert reflected that his daughter had grown up.

   ____

SECTION IV

Marie-France has a problem and phones Antoine, her older brother.

The material will be played **three** times: first right through, then in **four segments** with pauses and finally right through again.

TRACK 20

1. What happened this morning, according to Marie-France?

____

2. Write down the **two** things Marie-France was hoping to do as soon as she arrived in Montpellier.

   (a) _______________

   (b) _______________

3. *(a)* What is the problem that Marie-France wants Antoine to understand?

   ____

   (b) What is Antoine's response?

   ____

4. Antoine puts a number of points to Marie-France to persuade her to change her mind. Write down **two** of these points.

   (a) _______________

   (b) _______________

SECTION V

You will hear each of **three** news items **twice**.

TRACK 21

1. *(a)* How many passengers were on the train?

   ____

   (b) Why were the passengers evacuated from the train?

   ____

TRACK 22

2. What is the consumer product mentioned in this news item?

____

TRACK 23

3. What have members of the French parliament voted to ban?

____

CD TRACK 15

– Julien que faisais-tu avant de participer à l'émission ?
– Je faisais des sessions studio pendant lesquelles je chantais sur des productions pour d'autres chanteurs. Mais, pour gagner un peu d'argent supplémemtaire, j'ai fait plein de petits boulots comme cuisinier, serveur, pompiste.
– Quel est ton univers musical, et as-tu d'autres passions ?
– J'ai commencé par étudier le piano, mais je me suis aussitôt découvert une forte envie de chanter. J'ai fait mon premier concert à l'âge de onze ans, à Genève. Petit à petit, j'ai commencé à chanter avec des orchestres, avant de me lancer en solo à vingt-cinq ans. À part la musique, j'adore m'évader à la mer ou à la montagne, faire de la voile ou de la chasse.
– Quels sont les trois adjectifs qui te qualifient le mieux ?
– Je dirais généreux, spontané et timide. Et j'ai aussi une voix qui se prête à beaucoup de choses.

CD TRACK 16

– Thierry Henry, quelle est ta devise ?
– Dans la vie, le respect. Quand je vois quelqu'un qui ne tient pas la porte à une autre personne, ça me fâche. Dans le foot, n'être jamais satisfait. Même si, dans un match, je mettais quatre buts, mon père disait: 'Tiens, à la soixante-dixième minute, t'as raté un centre'. Ça m'a toujours poussé à progresser.
– Tu es originaire de la banlieue. Quels conseils donnerais-tu à un jeune de banlieue qui veut réussir dans le foot ?
– Moi, j'ai eu la chance d'avoir des parents qui m'ont toujours soutenu et suivi. Si jamais je rentrais cinq minutes en retard de l'école, mon père me cherchait partout. Mais même sans ça, je conseillerais aux jeunes qui veulent réussir de travailler et d'en avoir vraiment envie.
– Quels endroits fréquentes-tu à Londres ?
– Les petits restaurants italiens, français, japonais. On mange super bien à Londres. Si tu me proposes de manger vite et d'aller en boîte ensuite, ou de passer quatre heures dans un restaurant avec des copains à rigoler, je choisis la deuxième option.
– Ta femme, est-elle ta première supportrice?
– Oui, elle m'apporte la sagesse, un équilibre supplémentaire, elle m'apprend à être plus tolérant avec les gens. Elle m'a ouvert les yeux sur pas mal de choses.

CD TRACK 17

Xavier

– Pour moi c'etait la naissance de notre premier enfant. Je ne saurais exprimer l'intensité de l'amour que j'ai ressenti à ce moment-là. Pour moi, mon bébé était l'être le plus fragile au monde, et je n'avais qu'une envie : la prendre dans mes bras pour toute ma vie. La relation avec mon fils, une fois rentré à la maison, a tout de suite été passionnante. J'ai toujours été agacé par les parents qui voient leur bébé comme un inconvénient, comme une chose dont on doit s'occuper. À mon avis, élever son enfant, c'est plutôt un rôle très enrichissant.

CD TRACK 18
Franck

– Je n'oublierai jamais le jour où ma fille est allée à l'école pour la première fois. Il faut comprendre que moi, j'ai toujours détesté l'école. Et voilà que tout d'un coup, je lui racontais que c'était absolument génial! Je lui ai expliqué qu'elle allait apprendre des tas de choses passionnantes. Mais, en fait, j'avais l'impression de l'abandonner dans la jungle. Le soir, quand elle est rentrée, elle avait l'air contente, mais elle n'a rien voulu raconter de sa journée. C'était terriblement frustrant !

CD TRACK 19
Robert

– Le moment le plus mémorable dans ma vie de papa, c'était le jour où j'ai appris que j'allais être grand-père pour la première fois. J'ai ressenti une multitude d'émotions. Tout d'abord, je me suis dit que ma fille était devenue grande ! Mais ce n'était pas la première fois que je me faisais cette réflexion. J'avais déjà pensé la même chose lorsqu'elle avait dit ses premiers mots, fait ses premiers pas, ou réussi à tenir sur un vélo toute seule pour la première fois.

CD TRACK 20

– Allo ? Antoine ?
– Salut Marie-France ! Ça va ?
– Oh, tu sais, . . .
– Qu'est-ce qui se passé ?
– Je me suis disputée avec maman ce matin.
– Ah bon ? À quel sujet ?
– Tu sais que j'ai une place à l'université de Montpellier pour septembre ?
– Oui, oui, je sais.
– Bien, je pensais partir seule en train la semaine prochaine. Comme ça j'aurais largement le temps de m'installer dans ma chambre, de découvir un peu la ville. Mais maman insiste pour m'accompagner en voiture.
– Mais je ne vois pas le problème. C'est pas plus facile en voiture?
– C'est pas ça. C'est que c'est le début de ma vie adulte et je ne veux pas que ma mère m'accompagne comme un enfant. Tu comprends mon problème?
– J'allais te demander de parler à maman – comme tu es l'âiné de la famille je sais qu'elle respecte ton opinion.
– Écoute, quand moi je suis parti à la fac, j'étais ravi quand maman a proposé de m'y amener en voiture avec tous mes bagages.
– Ne sois pas comme ça, je croyais que tu comprendais. C'est pénible d'arriver à la fac avec sa mère, tu trouves pas ?
– Mais pas du tout ! Il y a toujours beaucoup d'autres parents la première semaine. Et en plus, si tu veux mon avis, je te trouve un peu égoïste – as tu

pensé que ça ne va pas être facile pour maman ? Tu vas lui manquer. Tu es la cadette de la famille. Après ton départ il n'y aura plus d'enfants à la maison. Nous serons tous partis. Écoute, laisse-la te conduire à Montpellier. Quand elle sera partie, tu auras toute l'indépendance que tu voudras !

– C'est vrais que je n'avais pas pensé à tout ça. Tu as raison, comme toujours.
– Eh bien, bonne route et bonne chance pour ta nouvelle vie.

CD TRACK 21

1. Grosse frayeur pour les 150 voyageurs du Paris–Cherbourg, jeudi soir. Alors que le train est entré en gare de Lisieux, vers vingt heures, les techniciens de la SNCF ont remarqué qu'une fumée suspecte sortait des équipements électriques de la locomotive. Le train a aussitôt été immobilisé, et tout les voyageurs ont été evacués.

CD TRACK 22

2. Les Français sont les deuxièmes plus grands buveurs d'eau en bouteilles du monde (derrière les Italiens) avec 141 litres par an et par habitant.

CD TRACK 23

3. Privés de pause-bonbons. Collégiens et lycéens peuvent dire adieu au distributeur automatique de la cour d'école. Les députés ont voté jeudi l'interdiction des distributeurs de confiseries et de sodas présents dans 40% des établissements scolaires.

STATE EXAMINATION COMMISSION
LEAVING CERTIFICATE, 2004
LISTENING COMPREHENSION TEST

SECTION I

Christophe meets his friend Isabelle in a café on Saturday afternoon for a chat.

You will hear the material **three times**: first right through, then in **three segments** with pauses and finally, right through again.

TRACK 24

1. Write down **one** reason Isabelle gives to explain why she is looking very pale.

____

2. What did Isabelle realise while she was looking at the wallets?

____

3. *(a)* What explanation did the man give to Isabelle?

____

(*b*) What does Christophe advise Isabelle to do straight away?

___

SECTION II

A French estate agent talks about foreigners buying property in France.

The material will be played **three times**: first right through, then in **four segments** with pauses and finally, right through again.

TRACK 25

1. Write down **two** reasons why other Europeans are attracted to properties in the French countryside.
   (*a*) ___
   (*b*) ___
2. In the year 2000, what proportion of foreign buyers in France were British?
   ___
3. Two developments are mentioned as a consequence of so many foreigners buying property in France. Name **one** of these developments.
   ___
4. Give **two** examples of the changes which are being noticed.
   ___

SECTION III

Four people who accompanied the French delegation to the Special Olympics World Games in Dublin talk about their experience.

The material will be played **three times**: first right through, then in **four segments** with pauses and finally, right through again.

TRACK 26

1. **Jean-Paul (Judo coach)**
   Write down **two** aspects of the Special Olympics (apart from the Opening Ceremony) which impressed Jean-Paul.
   (*a*) ___
   (*b*) ___

TRACK 27

2. **Roseline (Mother of Frédéric, a participant)**
   (*a*) Frédéric is not in an institution. What consequence of this is mentioned?
   ___

(*b*) What opportunity did the Special Olympics give to her son, according to Roseline?

____

TRACK 28

3. **Marc (Volunteer)**
   In what way did Marc's company support the Special Olympics?

____

TRACK 29

4. **Louise (Interpreter)**
   What **two** reactions to the Special Olympics does Louise express?

(*a*) ____

(*b*) ____

SECTION IV

Françoise Garnier speaks to political scientist, Paul Ariès, about the UN Convention on the Rights of the Child.

The material will be played **three times**: first right through, then in **four segments** with pauses, and finally, right through again.

TRACK 30

1. How many countries have ratified the International Convention on the Rights of the Child?

____

2. (*a*) In France, what does a young person have the right to do?

____

(*b*) For what reason did some German teenagers take their parents to court?

____

3. (*a*) Name **one** right which a child has under the Convention.

____

(*b*) Write down **two** specific examples of how children suffer in the Third World.

(*i*) ____

____

(ii) ____

____

4. What is considered to be the basic entitlement of all children?

____

SECTION V

You will hear each of **three** news items **twice**.

TRACK 31

1. Give **one** reason why the grape harvest will be down by 40%.

____

TRACK 32

2. How many subscriptions for Broadband are being received each week by internet service providers?

____

TRACK 33

3. *(a)* What did these parents do in their panic?

____

(b) What did the two policemen do?

____

2004 TRANSCRIPT

CD TRACK 24

Christophe: Salut Isabelle! Dis donc, ça va ? Tu es toute pâle !

Isabelle: Non, ça ne va pas vraiment, Christophe. Je suis toujours sous le choc de ce qui m'est arrivé ce matin.

Christophe: Quoi ? T'as eu un accident ?

Isabelle: Non, non pas du tout. Non, mais j'ai eu une très mauvaise expérience dans un magasin.

Christophe: Qu'est-ce qui s'est passé ?

Isabelle: Ben, je voulais acheter un cadeau pour papa – c'est son anniversaire demain – et j'ai décidé de lui acheter un portefeuille. Alors je suis entrée dans la maroquinerie rue Voltaire, tu connais ?

Christophe: Oui, oui, je connais très bien ce magasin.

Isabelle: Alors, j'étais en train de regarder les portefeuilles quand j'ai réalisé que j'avais oublié de passer à la banque pour prendre de l'argent et j'étais sur le point de quitter le magasin quand un employé s'est approché de moi et m'a demandé de la suivre.

Christophe: Pourquoi il t'a demandé ça ?

Isabelle: Il paraît qu'il me soupçonnait d'avoir volé quelque chose. J'ai dû le suivre dans un petit bureau où il y avait une autre employée qui m'a demandé d'ouvrir mon sac. Ils n'ont rien trouvé, bien sûr.

Christophe: Il s'est excusé, le type ?

Isabelle: Oui … et il m'a expliqué que je sortais à peine une minute après être entrée dans le magasin et que j'avais l'air très pressée.

Christophe: Mais ce n'est pas une raison ! C'est scandaleux, cette histoire ! Écoute, Isabelle, à mon avis tu devrais y rentrer tout de suite et demander à voir le patron.

Isabelle: Tu crois ?

Christophe: Absolument … allez, on y va tous les deux, d'accord ?

CD TRACK 25

Aujourd'hui, les Français ne sont pas les seuls à rechercher leur coin de paradis entre les quatre murs d'une vieille ferme. Nos voisins européens trouvent aussi dans l'Hexagone des campagnes moins peuplées et, surtout, moins chères que dans leurs pays d'origine. Les Allemands se concentrent dans le Nord-Est et dans le Sud-Est, et les Néerlandais dans le Centre, en Bourgogne et dans le Sud.

Les Britanniques, eux, couvrent tout le territoire et en 2000, ils représentaient un quart des acquéreurs étrangers en France – en hausse de 13% depuis 1994.

En Basse Normandie, en dehors des grandes villes, 30% des maisons sont achetées par des Anglais aujourd'hui. Le phénomène prend une telle ampleur qu'une commune va bientôt ouvrir une école anglophone. Et le marché est tellement dynamique que des étrangers s'installent en France pour ouvrir des agences immobilières !

On remarque aussi que la population qui constitue cette nouvelle immigration évolue. On voit moins de retraités, plus de jeunes ménages avec enfants en bas âge. Et, de plus en plus, ils font de leur résidence secondaire une résidence principale.

CD TRACK 26

Comment décrire la qualité des installations sportives, le climat chaleureux et l'organisation scrupuleuse et efficace ! Entrer dans un stade pour la cérémonie d'ouverture devant 75 000 spectateurs restera gravé dans ma mémoire et dans celle de tous nos sportifs présents.

CD TRACK 27

Frédéric n'étant pas dans une institution, il n'a accès à aucune activité sportive. Special Olympics lui a donné l'opportunité de vivre de grands moments d'émotion avec d'autres personnes, et je sais que ça a été quelque chose d'extraordinaire pour lui.

CD TRACK 28

Notre entreprise souhaitait soutenir Special Olympics en encourageant nos employés à participer en tant que bénévoles lors de ces jeux à Dublin. Se retrouver tous ensemble, tous milieux confondus et sans hiérarchie, pour une même cause, a été pour moi une expérience inoubliable.

CD TRACK 29

J'ai passé 15 jours avec la délégation française. Ce que j'ai trouvé très bien, c'était que chaque sportif, quelle que soit sa performance, gagne quelque chose. Mais quelle tristesse de les quitter tous à la fin ! C'était affreux !

CD TRACK 30

L'ONU a adopté la Convention internationale des droits de l'enfant le 20 novembre 1989. Elle a été ratifiée par 190 pays, à l'exception des États-Unis et de la Somalie. Mais cet accord n'a pas vraiment amélioré la situation des enfants partout dans le monde. Paul Ariès, expliquez-nous pourquoi.

La Convention Internationale de 1989 a révolutionné notre vision de l'enfant. Il a désormais des droits face aux adultes. Par exemple, en France, un jeune peut, jusqu'à 25 ans, exiger que ses parents pourvoient à ses besoins. En Allemagne, des ados ont intenté un procès à leurs parents sous prétexte qu'ils entraient dans leur chambre et fouillaient dans leurs affaires. Cet exemple paraît extrême, peut-être, mais il prouve à quel point les mentalités et les droits ont évolué en Europe.

Mais dans les pays du tiers-monde, la situation est bien différente, n'est-ce pas?

Oui, c'est vrai ! Dans les textes de la Convention, par exemple, l'enfant a droit à la santé. Mais si les médicaments génériques ne sont pas vendus dans ces pays, peut-on considérer que les droits de ces enfants sont respectés ? Prenez un autre droit ... celui au jeu et aux loisirs. Le problème lá, c'est que la Convention n'interdit pas l'enrôlement dans les armées à de 15 ans. Résultat, le nombre d'enfants soldats ne diminue pas.

Alors on voit bien que la réalité est bien éloignée de la situation idéale des textes de la Convention et c'est clair qu'il nous reste encore beaucoup de chemin à parcourir avant de considérer que tous les enfants naissent et demeurent égaux en droits.

Merci, Paul.

CD TRACK 31

1. Après le gel et la canicule, la récolte du Beaujolais nouveau sera, selon les producteurs, en baisse de 40% par rapport aux années passées. On évoque même un risque de pénurie.

CD TRACK 32

2. Les ventes d'abonnements à l'internet à haut débit explosent: 50 000 personnes y souscrivent chaque semaine et les fournisseurs ont du mal à répondre à la demande.

CD TRACK 33

3. Pris de panique quand un incendie a ravagé leur immeuble dans le centre de Morlaix, le père et la mère de Pauline, 4 mois et Thomas, 2 ans, les ont littéralement jetés par la fenêtre, au lieu d'attendre l'arrivée des pompiers. Fort heureusement, deux policiers les ont récupérés sains et saufs dans leurs bras.

STATE EXAMINATIONS COMMISSION
LEAVING CERTIFICATE 2003
LISTENING COMPREHENSION TEST

SECTION I

Catherine Laborde, who presents the weather forecast on the French TV channel TF1, talks about her job.

You will hear the material **three times**: first right through, then in **three segments** with pauses and finally right through again.

TRACK 34

1. How did Catherine Laborde learn that TF1 had a vacancy for a weather forecast presenter?

____

2. (*a*) What does Catherine Laborde say to support her claim that the weather forecast is the most frequently watched programme on television? (one point)

____

(*b*) What does she find surprising?

____

3. In what way, according to Catherine, does the job of a journalist/newsreader differ from that of a weather forecast presenter?

____

SECTION II

The Principal of a French secondary school explains the system of 'École Ouverte' where schools remain open outside of normal operating times.

The material will be played **three times**: first right through, then in **four segments** with pauses and finally, right through again.

TRACK 35

1. Who is entitled to attend the 'École Ouverte'?

____

2. Write down **two** examples of the activities that are mentioned.
   (*a*) _______________
   (*b*) _______________

3. Give **two** reasons why, according to this Principal, teachers are reluctant to participate.
   (*a*) _______________
   (*b*) _______________

4. Write down **one** point which Émine makes about the teachers at the 'École Ouverte'.

____

SECTION III

Laurent Jalabert, a professional cyclist for 14 years, answers questions about his retirement.

The material will be played **three times**: first right through, then in **four segments** with pauses, and finally, right through again.

TRACK 36

1. (*a*) Give **one** reason why Laurent Jalabert has decided to retire from professional cycling.

   ____

   (*b*) Give **one** reason why he postponed announcing his retirement until after the Tour de France.

   ____

2. Write, down **two** points that Jalabert makes **in this segment** about his decision.
   (*a*) _______________
   (*b*) _______________

3. What makes Jalabert feel proud?

____

4. What does Jalabert hope to do in the future?

____

SECTION IV

On return from three weeks holidays in Nice, Marc is met at a railway station in Northern France by his mother Mme Vallet.

The conversation will be played **three times**: first right through, then in **four segments** with pauses, and finally, right through again.

TRACK 37

1. Where did Marc go most afternoons?

____

2. (*a*) Write down **two** points about the location of the studio in Paris.

   (*i*) ______________________________

   (*ii*) ______________________________

   (*b*) Give **one** reason why Mme Vallet does not like living in the country.

____

3. (*a*) How much did the studio cost?

____

   (*b*) List **two** items of work that need to be done to renovate the studio.

   (*i*) ______________________________

   (*ii*) ______________________________

4. What sarcastic comment does Mark make about inviting his friends to stay?

____

SECTION V

You will hear each of **three** news items **twice**.

TRACK 38

1. What happened to the vehicle?

TRACK 39

2. (*a*) What could be the outcome of this strike?

____

   (*b*) For what is the extra money being claimed?

____

TRACK 40

3. For what occasion has George Michael been asked to compose a song?

____

2003 TRANSCRIPT

CD TRACK 34

Journaliste: Catherine Laborde, quand avez-vous commencé à présenter la météo à la télévision?

Catherine: Ça fait treize ans que je suis à TF1. Ma sœur, Françoise, travaillait là et c'est elle qui m'a dit qu'ils cherchaient quelqu'un pour présenter la météo. Il faut dire que j'ai eu de la chance : j'aime beaucoup mon travail.

Journaliste: Avez-vous conscience de l'importance qu'a prise la météo ?

Catherine: Oui. C'est vrai que c'est le programme le plus regardé à la télévision, celui qui attire l'audience la plus importante. Il concerne toutes les catégories de la population, tous les âges de la vie et tous les continents. C'est quand même suprenant que l'on parle plus de ma coiffure ou de la façon dont je suis habillée que des erreurs de Météo France.

Journaliste: Vous n'auriez pas préféré présenter le journal ?

Catherine: Ah, non ! Le métier de journaliste est tout à fait différent. Lui, il est là pour transmettre les nouvelles qu'il a apprises – pour dire les faits divers souvent tristes et tragiques. Nous, nous ne sommes pas là pour announcer le temps qu'il fait, mais pour parler du temps qu'il va faire, pour announcer les prévisions.

CD TRACK 35

Journaliste: Monsieur le Directeur, voulez-vous expliquer le principe sur lequel l'opération 'École Ouverte' est fondée ?

M. le Directeur: C'est un principe simple – 'École Ouverte', comme son nom l'indique, consiste à ouvrir les portes des établissements scolaires au-delà des heures de cours, et surtout pendant les vacances, aux élèves qui fréquentent ces écoles tout au long de l'année. L'école propose gratuitement des activités variées.

Journaliste: Quelles sont ces activités?

M. le Directeur: Les activités varient selon les établissements, alliant soutien scolaire, sorties culturelles, jeux, arts plastiques. Sur le plan scolaire, il faut dire que les effets restent limités à cause du manque de personnel.

Journaliste: Et alors, qui organise ces activités?

M. de Directeur: Pour la plupart, ce sont des animateurs recrutés pour l'occasion. Il n'y pas assez d'enseignants. À la fin de l'année scolaire, ils éprouvent le besoin de se reposer plutôt que de revenir dans le collège. Et ce n'est pas la rémunération proposée, autour de 11 euros l'heure, qui peut les attirer.

Journaliste: Je vous remercie, Monsieur. Maintenant on va écouter Émine, 15 ans, qui habite Tours, et qui pendant l'été profite de l'école ouverte dans son collège.

Émine: Au cours de l'année, on croit que les profs ne sont pas sympas, mais à l'école ouverte, on voit qu'ils peuvent l'être. Ils nous ont montré qu'ils peuvent s'amuser et qu'ils ont beaucoup d'amour pour les élèves.

CD TRACK 36

Journaliste: Laurent Jalabert, aprés 14 années de professionnalisme, pourquoi avez-vous décidé de prendre votre retraite du cyclisme ?

L.J.: J'ai envie de trouver plus de calme dans ma vie. J'ai aussi quatre enfants que j'aime beaucoup et qui me manquent trop aujourd'hui. J'avais envisagé d'annoncer cette prochaine retraite juste avant le début du Tour de France, mais j'avais peur que cela soit mal interprété à cause de mes blessures. En plus, c'était important de montrer que j'étais motivé pour ce Tour de France.

Journaliste: Quand avez-vous donc pris la décision de prendre votre retraite?

L.J.: Je l'ai prise aprés le Grand Prix du Midi-Libre – fin mai. Je veux m'arrêter en étant un coureur respecté et respectable.

Journaliste: Quel est votre plus grand souvenir?

L.J.: Je ne peux pas citer un grand souvenir. Il y en a trop pour en sortir un. Mais ma plus grande fierté, c'est que l'on dit que je suis resté simple malgré la réussite.

Journaliste: Qu'est-ce que vous envisagez pour l'avenir ?

L.J.: Je n'ai rien de précis en tête. Mais en tout cas, je n'envisage pas une carrière de directeur sportif. Je voudrais travailler avec les jeunes. Je pense avoir acquis une énorme expérience pratique que je voudrais maintenant partager avec eux.

CD TRACK 37

Mme Valet: Bonjour mon chéri! Tu as fait un bon voyage ?

Marc: Ouais, pas trop mal. Mais je suis crevé. On est sortis hier soir comme c'était ma dernière nuit là-bas.

Mme Valet: Ah! Et tu as eu du beau temps ? Tu es allé à la plage ?

Marc: Oui, il a fait beau. On est allés à la plage tous les aprés-midi, et à la piscine le matin. Je suis dégoûté que les vacances soient déjà finies.

Marc: Et toi, quoi de neuf?

Mme Valet: Et bien, à vrai dire pas grand-chose. Si ce n'est que j'ai acheté un studio à Paris.

Marc: Quoi ? T'as acheté quoi ?

Mme Valet: Un studio à Paris. Dans le quinzième. C'est très bien orienté, (et c'est) bien placé, pas loin des commerces et du métro.

Marc: Et tu peux me dire à quoi ça va te servir ? Qu'est-ce que tu vas faire d'un appartement, et à Paris en plus ?

Mme Valet: Marc, comprends-moi. Je m'ennuie à Lancourt surtout en hiver. C'est trop petit; il n'y a rien à faire. Et tu sais l'histoire avec les voisins. À Paris, je pourrai voir les expositions, visiter les musées, continuer à peindre.

Marc: Super ! Et combien ça t'a coûté cette histoire ?

Mme Valet: Voyons, Marc. Je n'ai pas l'habitude de jeter l'argent par les fenêtres, tu le sais bien. En fait, j'ai eu le studio pour 120 000 euros. C'est pas neuf mais je vais demander à Michel de nous donner un coup de main pour les travaux.

Marc: Les travaux ! Et on peut savoir ce qu'il y a à faire dans ce studio?

Mme Valet: Oh, quelques broutilles! Repeindre le plafond, remplacer les fenêtres, installer une douche, un petit coin cuisine. Mais ça sera super après ça. Tu peux déjà prévenir tes amis qu'ils vont bientôt pouvoir venir passer leurs vacances à Paris. Ça va être super !

Marc: Super ! Merci beaucoup Maman ! Et je sens qu'ils vont être ravis de venir t'aider à faire les rénovations.

Mme Valet: Ne t'inquiète pas, Marc. Tu vas changer d'avis en voyant l'endroit. Tu vas adorer.

CD TRACK 38

1. Une équipe de rugby venue d'Italie a eu une mauvaise surprise quand les joueurs ont voulu remonter dans leur car aprés un match à Digne hier. Des malfaiteurs avaient mis le feu à leur car. Le véhicule a brûlé ainsi que les bagages personnels de toute l'équipe.

CD TRACK 39

2. Une cinquantaine d'employés de l'entreprise NOTAL risquent de perdre leur travail cette semaine si trois collègues ne mettent pas fin à leur grève qui dure depuis bientôt deux mois. Les grévistes réclament un supplément de salaire de 10 euros de l'heure quand ils travaillent un jour férié.

CD TRACK 40

3. George Michael va composer le chant officiel des Jeux Olympiques d'Athènes de 2004. Il compte le dédier à son père qui est né en Grèce. Le musicien a déclaré qu'il était sûr qu'à l'annonce d'une telle nouvelle, son père sera très fier de lui.

STATE EXAMINATIONS COMMISSION
LEAVING CERTIFICATE 2002
LISTENING COMPREHENSION TEST

SECTION I

You will now hear an interview with a mother, Michelle, whose son, Benoît, has just come back from a language improvement course in England.

The material will be played **three times**: first right through, then in **three segments** with pauses and finally, right through again.

TRACK 41

1. (*a*) What was the first problem encountered by the French group when it arrived in England?

   ____

   (*b*) Write down **one** point Michelle makes about Mrs. Brown.

   ____

2. Write down **two** ways in which Benoît had to look after himself.

   (*a*) ______________________________

   (*b*) ______________________________

3. Write down **one** thing that Benoît enjoyed in England.

   ____

SECTION II

Jacques Maillot has just sold his business. He was a tour operator but finds that there are problems in this sector.

You will hear the material **three times**: first right through, then in **three segments** with pauses and finally, right through again.

TRACK 42

1. According to Jacques Maillot, why are French tour operators finding it difficult to make money?

   ____

2. (*a*) What is said about the cost of security?

   ____

   (*b*) Which holiday sales are going particularly well?

   ____

3. What does Jacques Maillot suggest would help the French travel trade?

   ____

SECTION III

You will now hear an interview with Odile Mougeotte, a French sociologist. She has been researching the effects of the recently introduced 35 hour working week.

The material will be played **three times**: first right through, then in **four segments** with pauses and finally right through again.

TRACK 43

1. Which aspect of the 35 hour week does this report deal with?

____

2. Write down **two** ways in which the French are benefiting from the 35 hour week.

   (*a*) ______________________________

   (*b*) ______________________________

3. (*a*) In which way has the school system failed to adapt to the 35 hour week?

   ____

   (*b*) Write down **one** way in which public transport has adapted to the changes.

   ____

4. Which **two** traditions should be respected?

   (*a*) ______________________________

   (*b*) ______________________________

SECTION IV

Delphine and her parents have recently moved to Paris from Arnay-le-Duc, a small town in Burgundy. In the canteen of her new school, the lycée Louis-le-Grand, she talks with Marie-Ange.

The material will be played **three times**: first right through, then in **four segments** with pauses and finally right through again.

TRACK 44

1. Delphine is concerned about both her parents. Why?

   (*a*) father: ______________________________

   (*b*) mother: ______________________________

2. (*a*) Why has Delphine's mother not started work yet?

   ____

   (*b*) What advice has Delphine given to her mother?

   ____

3. What does Delphine say about the lycée Louis-le-Grand? (**Two** points, as follows)

   (*a*) teachers: ______________________________

   (*b*) atmosphere: ______________________________

4. (*a*) Why does Marie-Ange not share Delphine's feelings about Louis-le-Grand?

___

(*b*) At the end of the conversation, Delphine begins to feel better about Louis-le-Grand. Why?

___

SECTION V
You will hear each of **three** news items **twice**.

TRACK 45

1. (*a*) Who will be on strike tomorrow?

___

(*b*) What is their principal demand?

___

TRACK 46

2. What fault is found here with the new cent coins (€0.01, €0.02, €0.05)?

___

TRACK 47

3. What does this piece of research show? (**One** point)

___

2002 Transcript

CD TRACK 41

– Bonjour Michèle, si je comprends bien, il y a eu quelques problèmes avec ce séjour linguistique en Angleterre.
– Oui et ça dès le début. Par exemple, trois des jeunes Français n'avaient pas de famille présente à l'accueil à l'aéroport de Manchester. Et puis, la famille où était mon fils, la maman était là, mais Benoît ne l'a pratiquement jamais vue. C'était une dame qui vivait seule avec ses deux garçons. Elle partait très tôt le matin.
– Alors, votre fils devait s'occuper de lui-même ?
– Oui, exactement. Il y avait un petit peu à manger dans le frigo et il avait le droit de se servir. En plus, pour aller à son cours d'anglais, Benoît prenait le bus tout seul. À l'âge de douze ans et demi, c'était trop jeune ah !
– Il en garde quand même un bon souvenir ?
– Ben ! oui parce que figurez-vous, il est allé en boîte. À cet âge-là, douze ans et demi. Imaginez ! Après l'école, il allé dans une salle de billard. Il a trouvé ça genial !

CD TRACK 42

– Jacques Maillot, vous venez de vendre votre société 'Nouvelles Frontières', pourquoi les voyagistes français vont-ils si mal ?
– Le principal problème des tours opérateurs français c'est qu'ils n'arrivent plus à gagner de l'argent. Les consommateurs ne veulent pas payer le juste prix de leurs vacances.
– Est-ce que les événements du 11 septembre y sont pour quelque chose?
– C'est particulièrement évident depuis le 11 septembre. Les gens veulent encore voyager mais ils demandent des prix de plus en plus bas. Prenez les dépenses de sécurité. Elles sont très mal acceptées par les clients. Du coup, les soldes de dernière minute n'ont jamais aussi bien marché.
– Et l'avenir ?
– Il y a des nouvelles formules à inventer. Regardez par exemple dans les Îles britanniques le succès des companies aériennes à tarif réduit. Pourquoi n'y a-t-il pas de companies françaises qui proposent des billets bon marché ? Ce qui m'inquiète, c'est que les Français n'inventent plus de nouvelles façons de voyager. Ils ne créent plus rien !

CD TRACK 43

– Odile Mougeotte, vous venez de terminer un rapport sur la semaine de trente-cinq heures. Est-ce que ce rapport concerne un aspect particulier de ce vaste sujet?
– Le rapport que j'ai remis au ministre du Travail s'intéresse au temps libre des Français. C'est-à-dire à quatre-vingt pour cent de leur temps.
– Comment est-ce que les trente-cinq heures on changé la vie des Français?
– Les Français utilisent surtout leur temps libre pour faire ce qu'ils faisaient avant mais à rythme plus long. On peut éviter les heures de pointe et la foule. On a fini dès le vendredi soir le ménage et les courses et cela libère le week-end pour la famille et les copains.
– Est-ce que notre société s'est adaptée à la semaine de trente-cinq heures ?
– Pas assez. Prenez par exemple l'école. Les enfants ont toujours les mêmes horaires, la même organisation de leur semaine alors que celle de leurs parents à changé. En revanche, dans les transports, ça commence. La SNCF par exemple a augmenté le nombre de ses trains de seize pour cent le jeudi soir pour faciliter les départs en long week-end.
– Peut-on dire alors qu'il n'y a plus de règles, plus de traditions à respecter ?
– Au contraire, il y a à mon avis deux traditions que l'on doit respecter. Moi, je crois que les magasins doivent rester fermés le dimanche et que les grandes vacances doivent avoir lieu au mois d'août.

CD TRACK 44

– Je pense, Delphine, ça fait juste deux mois que tu es à Paris. Tu t'habitues un peu ou … ?
– Tu sais Marie-Ange, le plus difficile pour le moment c'est la vie en famille. Papa est très tendu à cause de son nouveau poste. C'est peut-être normal tu

me diras qu'il se fasse des soucis pour son boulot, même à son âge ! Et puis maman, eh bien ! Elle a du mal à se faire de nouveaux amis et effectivement comme elle n'a pas encore l'occasion de connaître beaucoup de monde, c'est pas évident.

– Mais tu disais l'autre jour qu'elle avait trouvé un poste à l'hôpital Necker.
– Oui, mais elle n'a pas encore commencé. L'infirmière que maman remplace ne part que fin janvier. Entre-temps elle n'a rien à faire. Moi, je lui ai conseillé de reprendre ses lectures. Elle qui se plaignait toujours de ne pas avoir le temps de relire les classiques.
– Eh bien, toi et moi Delphine la littérature ce n'est pas ça qui nous manque. Avec l'épreuve anticipée de français cette année …
– En effet nous on s'occupe. Il n'y a pas à dire mais par moments il m'arrive de regretter le lycée d'Arnay-le-Duc. Ici à Louis-le-Grand les profs sont plus … comment dirai-je? … plus distants. Enfin, je ne trouve pas chez eux cette chaleur que j'ai appréciée tellement à Arnay-le-Duc et puis ici l'ambiance est très compétitive … je veux dire … les examens, les concours, les résultats. On dirait qu'il n'y a que ça qui compte.
– Tu penses vraiment? Moi j'en ai tellement l'habitude que ça ne me gêne pas du tout. Maintenant Delphine tu permets que je change de la conversation? Rien que pour te remonter le moral.
– Avec plaisir. Je suis tout ouïe !
– À la deuxième table à droite … mais NE REGARDE PAS ! Il y a un beau mec qui a les yeux fixés sur toi ! Et ce n'est pas la première fois que je le surprends en train de te regarder comme ça.
– Mm … je commence déjà à me sentir mieux à Louis-le-Grand … après tout.

CD TRACK 45

1. Journée sans Toubibs
   Demain, les médecins généralistes seront en grève. Ils demandent notamment que le prix de la consultation soit fixé à vingt euros.

CD TRACK 46

2. Neuves est déjà usées
   Les nouvelles pièces de centimes d'euro viellissent à vue d'œil. Rouge cuivre au début, ces petites deviennent rapidement brunes.

CD TRACK 47

3. L'optimisme est bon pour la santé
   Il protège surtout des crises cardiaques. Selon des chercheurs américains, les optimistes ont deux fois moins de risques d'êtres atteints de maladies cardiaques que les pessimistes.

Section 6 – Examination Papers

LEAVING CERTIFICATE EXAMINATION, 2008

FRENCH – HIGHER LEVEL (220 marks)

SECTION I: COMPRÉHENSION ÉCRITE (120)

Répondez à la Question 1 et à la Question 2.

Lisez les passages suivants et répondez aux questions. Dans le cas des questions à choix multiple, indiquez la bonne réponse en marquant *(a)* ou *(b)* ou *(c)* ou *(d)* dans la case. Aux autres questions en français, il faut répondre en français. Aux questions posées en irlandais/anglais, il faut répondre en irlandais ou en anglais.

Q.1.

L'AVENUE DES CHAMPS-ÉLYSÉES: LA PLUS BELLE AVENUE DU MONDE?

Les Champs-Élysées sont devenus une vaste vitrine pour des marques qui profitent du passage de plus de 100 millions de promeneurs chaque année le long de l'avenue.

1. L'avenue des Champs-Élysées? Pour les militaires, c'est un défilé du 14 Juillet. Pour des millions de Français, elle est associée à la victoire des Bleus en 1998. Pour les Japonais, c'est une boutique Louis Vuitton où se pressent cinq mille personnes chaque jour. La mythique avenue est devenue la Mecque du commerce et de la fête. Deux kilomètres et demi de majestueux trottoirs et 332 vitrines, que cent millions de promeneurs, souvent étrangers, viennent admirer chaque année. Un formidable centre commercial où toutes les grandes marques veulent trôner.

2. La nouvelle génération de commerçants entreprend aujourd'hui de protéger cette poule aux oeufs d'or, avec l'aide des politiques. On parle de subventions, d'animations, de grands travaux ... Et pour prêter vie aux belles paroles, les membres du Comité des Champs-Élysées ont renouvelé leur bureau et élu à sa tête Jean-Noël Reinhardt, le président de Virgin. Sa mission: réveiller la belle endormie. Pour lui, comme pour beaucoup d'anciens des Champs, l'avenue ne devrait pas être autorisée à tous.

3. Les vêtements! Là voilà, la bête noire. Trop de boutiques comme on en trouve dans toutes les villes du monde, trop de chaînes internationales dont les moyens financiers barrent la route aux indépendants. Des experts affirment que jamais on ne devrait réserver plus de 39% des surfaces commerciales à l'habillement, sous peine de tuer l'attractivité d'un site bien fréquenté. *« Au-delà, c'est la débâcle commerciale: la rue de Rivoli, Oxford Street à Londres … Des rues pauvres où plus rien ne vit en dehors des heures d'ouverture. »*

4. Depuis quelque temps la célèbre artère perd de son panache. Les trottoirs? Abîmés par les camions des livreurs. Les façades historiques? Elles s'avilissent de décorations criardes à l'intérieur des vitrines. Sans parler des difficultés de nettoyage liées à la suppression des poubelles. *« Cela fait quatorze ans que je réclame à la Ville un minimum d'investissement dans l'entretien des rues. Il aurait suffi de 100 000 euros par an. C'est peu »*, proteste le maire du 8e arrondissement, François Lebel. Comble de son indignation: les quatre superbes fontaines de cristal offertes en 1932 par René Lalique gisent, brisées, dans les bassins vides du rond-point.

5. Autre problème: les loyers flambent. Les Champs-Élysées sont une des avenues les plus chères du monde. Au milieu, au plus près du carrefour avec la très passante rue du Berri, les loyers oscillent entre 8 000 et 10 000 euros le mètre carré. Seuls les plus riches peuvent se les payer. Comment préserver donc les cinémas et les restaurants de l'avenue qui ne peuvent avoir la même rentabilité que les boutiques classiques? Les membres du Comité des Champs-Élysées considèrent qu'un terrain d'entente doit absolument être trouvé. *« Si l'avenue perd son âme, elle chutera. »* À défaut de solutions toutes faites, certains se prennent à rêver: *« L'idéal, ce serait que l'avenue devienne piétonne. »* Mais là, compte tenu des 90 000 véhicules qui y circulent chaque jour, elle peut aller … se rhabiller.

Adapté de *Le Point, le 12 juillet 2007*

1. (i) Selon la **première section**, qu'est-ce que les Champs-Élysées représentent pour

    (a) les militaires? ______________________

    (b) les Japonais? ______________________

2. (i) Trouvez un détail qui indique que l'avenue des Champs-Élysées est une source de richesse. **(Section 2)**

    ____

(ii) Identifiez une action qui montre que le Comité prend sa tâche au sérieux. **(Section 2)**

____

3. (i) Citez l'expression qui veut dire "quelque chose que l'on déteste". **(Section 3)**

____

(ii) Quelle est l'idée principale exprimée dans la **troisième section?**

(a) En général, les petits magasins indépendants réussissent le mieux.
(b) Un nombre excessif de magasins de vêtements ont un effet négatif.
(c) Les magasins de mode devraient rester ouverts tard le soir.
(d) Des experts suggèrent la reconstruction de 39% des magasins.

☐

4. (i) D'après la **quatrième section**, pourquoi l'avenue est-elle devenue plus sale récemment?

____

(ii) Pourquoi est-ce que le maire est absolument furieux? **(Section 4)**

____

5. (i) Dans la **cinquième section** le journaliste dit que, sur les Champs-Élysées,

(a) les riches investissent dans les restaurants et les cinémas
(b) les visiteurs n'achètent plus les vêtements classiques
(c) les piétons seuls ont le droit d'y accéder
(d) les prix de location augmentent rapidement.

☐

(ii) Trouvez dans la **cinquième section** un exemple d'un verbe au présent du subjonctif.

6. *Why, according to this article, are some of the business owners concerned about the Avenue des Champs-Élysées?* Refer to the text in support of your answer. (**Two** points, about 50 words in total.)

(i) ____

____

(ii) ____

____

Q.2.

(Dans cet extrait, Lucrèce, une jeune femme de 21 ans, décide de rendre visite à un ami, Nicolas. Il était autrefois amoureux d'elle mais Lucrèce ne l'a pas vu depuis quelques mois.)

1. À peine descendue de voiture, Lucrèce fut frappée par le silence alentour. Indécise, elle patienta encore une ou deux minutes. Elle avait supposé que Nicolas l'aurait entendu arriver et se serait précipité pour l'accueillir. Elle n'aurait pas dû arriver ici sans prévenir.

– Lucrèce?

La porte venait de s'ouvrir sur Nicolas qui la considérait d'un air stupéfait.

– J'espère que je ne te dérange pas?

– Non … Tu passais par Saint-Laurent?

Sa voix manquait d'enthousiasme, tout comme son sourire. Au lieu de lui proposer d'entrer, il restait debout devant elle sans faire un geste. Enfin, il sembla réagir.

– Tu es gentille d'avoir pensé à t'arrêter ici. Entre …

2. Il la guida jusqu'à la cuisine, où un désordre indescriptible attestait qu'il était en train de préparer le déjeuner. Sur la table, elle vit une traînée de farine, des coquilles d'oeufs, un pot de crème fraîche vide, et un livre de recettes ouvert. À l'évidence, il s'était lancé dans une préparation compliquée, trop pour être destinée à lui seul.

– Tu attends du monde? Je suis désolée …

– Non, non, c'est … Peu importe. Alors, qu'est-ce que je t'offre? Un verre de vin blanc? On va boire dehors, d'accord? Il y a une table sous le tilleul.

Elle aurait préféré rester à l'intérieur, curieuse de découvrir sa maison, mais elle devina qu'il était mal à l'aise. Tandis qu'il prenait une bouteille dans le réfrigérateur, elle jeta un coup d'oeil autour d'elle.

– Si tu veux visiter le reste, proposa-t-il, ne te gêne pas. D'ailleurs j'ai un coup de fil à passer et je t'attendrai dans le jardin!

3. Sans lui laisser le temps de répondre, il quitta la cuisine en hâte. Elle décida d'explorer la maison. Au moins elle apprendrait quelque chose sur les goûts de Nicolas. Au-delà de la cuisine, elle découvrit une délicieuse petite salle à manger, égayée par des rideaux jaune vif. Puis elle pénétra dans le salon, immense, qui s'ornait d'une cheminée centrale, en pierre blanche, cernée par des fauteuils et des canapés de velours vert pâle. Elle poussa encore une porte, qui donnait sur une grande chambre ensoleillée. Des vêtements étaient abandonnés sur des journaux froissés. Dans le coin, des cassettes vidéo s'entassaient en vrac près du magnétoscope. De retour dans l'entrée, elle tomba sur Nicolas sortant de son bureau. Il semblait préoccupé, distrait, un peu triste.

– Nicolas, je crois que je te dérange vraiment, si tu veux que je parte, tu peux le dire simplement.

– Reste! De toute façon, maintenant, le problème est réglé.

– Qui attendais-tu?

– Une fille formidable.

4. La réponse était aussi déplaisante que prévisible. Non seulement elle n'était pas la bienvenue, mais en plus elle l'avait mis dans l'embarras. Ainsi, il connaissait une fille *formidable*, pour qui il mitonnait de fins déjeuners. Une jalousie intempestive la poussa à insister.

– C'est ta petite amie du moment?
– Elle s'appelle Stéphanie.
– Tu es amoureux?
Le silence s'éternisa entre eux. Elle se sentit soudain stupide d'être venue chez lui. D'un geste maladroit, elle récupéra son sac sur la table, s'éloigna en hâte le long de l'allée et ouvrit la portière de sa voiture à la volée.
– Attends! Lucrèce, s'il te plaît ...

Il l'avait rattrapée et se tenait à côté de la voiture. Paniqué, il était prêt à tout pour la retenir, néanmoins, quand elle fit brutalement une marche arrière, il fut bien obligé de s'écarter. Il la vit faire demi-tour, dans une envolée de gravier, et foncer vers le portail ouvert.

Les années passion, Françoise Bourdin, 2003

1. (i) Quel mot montre que Lucrèce n'était pas sûre de ce qu'elle devrait faire. **(Section 1)**

____

(ii) Qu'est-ce qui indique que Nicolas ne semblait pas très heureux de voir Lucrèce? **(Section 1)**

____

2. (i) Quelle conclusion Lucrèce a-t-elle tirée quand elle a vu les préparations pour le déjeuner? **(Section 2)**

____

(ii) Trouvez la raison que Nicolas a donnée pour ne pas accompagner Lucrèce. **(Section 2)**

____

3. (i) D'après la **troisième section**, pourquoi Lucrèce voulait-elle voir les autres pièces?

____

(ii) Citez **deux** phrases qui indiquent qu'il y avait du désordre dans une des pièces. **(Section 3)**

(a) ______________________________

(b) ______________________________

4. Dans la **quatrième section**, on apprend que Lucrèce

(a) connaissait la jeune fille dont Nicolas parlait
(b) s'est rendue compte que Nicolas était malade
(c) avait placé Nicolas dans une situation gênante
(d) allait dîner en ville avec Nicolas plus tard.

5. (i) Relevez **un** adverbe dans la **quatrième section**.

____

(ii) Citez l'expression qui montre que Nicolas voulait à tout prix empêcher Lucrèce de partir. **(Section 4)**

____

6. *What do we learn about Nicolas' feelings towards Lucrèce in this extract?* Refer to the text in support of your answer. (**Two** points, about 50 words in total.)

(i) ____

____

(ii) ____

____

SECTION II: PRODUCTION ÉCRITE (100)

Répondez à *trois* questions – la Question 1 et deux des Questions 2, 3 et 4.

N.B. LA QUESTION 1 EST OBLIGATOIRE.

Q.1. Répondez à *(a)* **ou** à *(b)*. (40 points)

(a) Selon la Section I, Q.1, pour des millions de Français l'avenue des Champs-Élysées *« est associée à la victoire des Bleus en 1998 »* quand la France a gagné la Coupe du Monde.

Décrivez un endroit particulier en Irlande que vous associez avec un événement heureux et expliquez pourquoi vous l'avez choisi.

(90 mots environ)

OU

(b) Dans la Section I, Q.2, *« Lucrèce fut frappée par le silence alentour »*. Mais aujourd'hui nous vivons dans un monde où le bruit est incessant. Voitures, tondeuses, télévisions, autoroutes, aéroports créent un environnement sonore nuisible pour l'équilibre humain. Le silence, c'est l'exception.

Qu'en pensez-vous?

(90 mots environ)

Q.2. Répondez à *(a)* **ou** à *(b)*. (30 points)

(a) C'est le 20 juin, le début des grandes vacances, et vous avez plusieurs projets. Mais, désastre – vous tombez dans l'escalier et vous vous cassez la jambe. Selon le médecin, vous devrez passer au moins six semaines avec la jambe dans le plâtre.

Qu'est-ce que vous notez à ce sujet dans votre journal intime, deux jours plus tard?

(75 mots environ)

OU

(b) It is your last week in school and you wish to organise a little party for your last French class. You write a note to your French teacher on behalf of your class, making the following points:

- You are looking for permission to have a party on Tuesday at 3.15 pm;
- You would like to get a loan of a CD player so you can play some French songs;
- You promise to speak French all the time;
- You would like to decorate the room at lunch time if possible;
- You would like to bring some French food and drinks.

(about 75 words)

Q.3. Répondez à *(a)* **ou** à *(b)*. (30 points)

(a)

> « *On ne mange plus en famille. Quel dommage! Les traditions se perdent.* »

Donnez vos réactions.

(75 mots environ)

OU

(b)

> *"Nous avons la chance d'avoir le droit de vote. Mais voter, c'est aussi un devoir. Notre démocratie dépend de la participation active de ses citoyens. Alors, quelles que soient vos opinions politiques, votez!»*
>
> Robert, 19 ans

Donnez vos réactions.

(75 mots environ)

Q.4. Répondez à *(a)* **ou** à *(b)*. (30 points)

(a) Les diplômes, sont-ils utiles? Faut-il passer par une université ou un institut universitaire de technologie pour réussir dans la vie?

(75 mots environ)

OU

(b) Selon cette illustration, les femmes en France font presque deux fois plus de travail dans la maison que les hommes. Pensez-vous que la situation en Irlande soit différente?

(75 mots environ)

LEAVING CERTIFICATE EXAMINATION, 2008
FRENCH – HIGHER LEVEL
LISTENING COMPREHENSION TEST (80 marks)

SECTION I — TRACK 48

You will now hear an interview with the French actress Sophie Marceau.

You will hear the material **three** times: first right through, then in **three segments** with pauses and finally right through again.

1. **(i)** Write down **one** point about Sophie's mother.

   ____

   (ii) What did Sophie do at the age of 16?

   ____

2. What was the attitude of her parents to her acting career?

   ____

3. Sophie says that her children are her priority.
   How does she show this?

   ____

SECTION II — TRACK 49

Philippe Fournet, who has been a long-distance lorry driver for twenty years, talks about his work.

The material will be played **three** times: first right through, then in **four segments** with pauses and finally right through again.

1. Name **two** aspects of his job that interest Philippe.

   ____

2. **(i)** What does Philippe say is very pleasant?

   ____

   (ii) What disadvantage does Philippe mention?

   ____

3. What is one of the few ways that Philippe realises he has arrived in a different country?

   ____

4. **(i)** What does Philippe say is complicated?

____

(ii) Why did Philippe spend hours in a taxi in Athens?

____

SECTION III **TRACK 50**

You will hear a conversation between two friends, Paul and Karine.

The material will be played **three** times: first right through, then in **four segments** with pauses and finally right through again.

1. Why did Karine and her friend Mathilde decide to visit Ireland?

____

2. Name the two activities that Karine and Mathilde had planned to do in Ireland.

(a) ____

(b) ____

3. Give **two** reasons why Karine became fed up with Mathilde's behaviour.

(a) ____

(b) ____

4. **(i)** What has Karine done since her return?

____

(ii) What does Karine say is a problem?

____

SECTION IV **TRACK 51**

Three professional rugby players, who left their own countries to join rugby clubs in France, talk about their experiences.

The material will be played **three** times: first right through, then in **three segments** with pauses and finally right through again.

1. **Rambo**

   (i) What difference does Rambo mention between his home country, Samoa, and France?

   ____

   (ii) What shocked Rambo about the boy's behaviour?

   ____

2. **Conrad**

   (i) How did Conrad get his information about France?

   ____

   (ii) Why, according to Conrad, was life difficult for him in Paris?

   ____

3. **Kirill**

   Name **two** comparisons that Kirill makes between Russia and France.

   (a) ______________________________

   (b) ______________________________

SECTION V

You will hear each of **three** news items **twice**.

TRACK 52

1. How many copies of her latest album *Divinidylle* did Vanessa Paradis sell?

   ____

TRACK 53

2. (i) What type of premises did the wild boar enter?

   ____

   (ii) How did this incident end?

   ____

TRACK 54

3. When exactly did this police action take place?

   ____

2008 TRANSCRIPT

SECTION I

TRACK 48

Interviewer: Sophie Marceau, quelle a été votre enfance?

Sophie Marceau: J'ai toujours été très libre. A sept ans, j'étais seule à la maison. Ma mère, qui était vendeuse, partait tôt et rentrait tard. Moi, je m'occupais du ménage. J'étais très indépendante, donc, à seize ans, je me suis installée seule dans un appartement.

Interviewer: Vos parents, intervenaient-ils dans votre carrière?

Sophie Marceau: Mes parents ne sont jamais intervenus dans mes choix. Parfois, j'avais l'impression que ma carrière ne les intéressait pas, et j'en souffrais. Quand je rentrais du tournage d'un film, ils parlaient de tout sauf de ma journée de travail.

Interviewer: Vous avez deux enfants?

Sophie Marceau: Oui, mes enfants passent avant tout. Je rentre tous les soirs à la maison. Je ne pars jamais longtemps loin d'eux et on passe nos weekends ensemble. J'ai une vie extrêmement normale.

SECTION II

TRACK 49

Interviewer: Pourquoi êtes-vous devenu routier, Philippe?

Philippe: C'était mon rêve d'enfant. La solitude, le fait d'être responsable de son itinéraire, tout cela m'intéresse dans ce métier, et il y a aussi le fait de bouger tout le temps, qui me plaît énormément.

Interviewer: Que transportez-vous le plus souvent?

Philippe: Je m'occupe surtout de fruits et de légumes. C'est très agréable d'ouvrir les portes de mon camion quand il est chargé de melons ou de fraises, mais l'inconvénient, c'est que je dois très souvent travailler de nuit pour apporter les marchandises très tôt le matin sur les marchés.

Interviewer: Avez-vous remarqué des changements en Europe depuis que vous travaillez?

Philippe: Aujourd'hui, on passe d'un pays à un autre sans s'en rendre compte. Lorsqu'on arrive en Belgique, par exemple, un des seuls éléments qui nous prouve qu'on a changé de pays ce sont des panneaux de signalisation.

Interviewer: Avez-vous le temps de vous arrêter pour visiter les villes?

Philippe: Rarement, parce que c'est compliqué d'abandonner son véhicule dans des lieux qu'on ne connaît pas. Un jour, à Athènes, en Grèce, j'ai laissé mon camion dans une zone industrielle et je suis parti visiter la ville.

Philippe: Dans le taxi au retour, je me suis rendu compte que j'avais oublié où j'avais stationné mon camion. On a tourné pendant des heures pour le retrouver camion.

SECTION III

TRACK 50

Ami: Alors, Karine, te voilà de retour. Tu es restée trois semaines en Irlande, n'est-ce pas?

Karine: Oui, je suis partie avec mon amie Mathilde. Tu la connais, je pense. Son frère a fait un séjour linguistique là-bas, l'année dernière, et donc nous avons décidé d'y aller cet été.

Ami: Tout c'est bien passé cet été, j'espère?

Karine: Non, on a eu beaucoup de problèmes. Le mauvais temps d'abord, il pleuvait presque tous les jours. On avait prévu des randonnés à cheval et des balades dans les forêts, mais c'était impossible.

Ami: Ma pauvre Karine. C'était tout?

Karine: Non, Mathilde et moi, nous nous sommes disputées et on s'est séparées après une semaine. Du coup, j'ai continué mes vacances toute seule après.

Ami: Pourquoi?

Karine: J'en avais marre. Mathilde se plaignait tout le temps. Rien ne lui plaisait. Chaque fois que je lui ai proposé une activité, elle n'était jamais d'accord.

Ami: Et Mathilde, qu'a-t-elle fait ensuite?

Karine: Je ne sais pas. Depuis mon retour je lui ai envoyé plusieurs SMS, mais elle ne m'a même pas répondu. Le problème, c'est que c'est moi qui a payé le logement, à l'avance, et Mathilde avait promis de me rembourser plus tard, mais jusqu'à maintenant pas un sous.

Ami: Je ne l'aurais jamais cru.

SECTION IV

TRACK 51

Rambo: Quand je suis arrivé en France, beaucoup de choses m'ont étonnées. Aux îles Samoa nous devons respecter notre famille et aussi toutes les autres personnes. Ici, ce n'est pas pareil.

Rambo: Dernièrement, j'ai vu au supermarché une vieille dame qui peinait à vider son chariot dans sa voiture et son petit-fils, à côté d'elle, l'a regardé faire sans l'aider. J'ai trouvé ça choquant.

Konrad: Je connaissais la France grâce à des documentaires diffusés à la télévision en Afrique du Sud. Quand je suis arrivé à Paris en 1998, j'ai réussi à trouver un bel appartement dans le 15e arrondissement.

Konrad: Mais c'était difficile parce que je ne voyais jamais mes voisins, et je me sentais anonyme. Ça a duré presque un an.

Kyril: J'ai quitté Moscou pour m'installer dans une petite ville, près de Toulouse. Ce qui m'a vraiment étonné en arrivant, c'est la fermeture des magasins le dimanche en France, tandis qu'en Russie on travaille tous les jours.

Kyril: Une autre différence que j'ai remarquée, c'est qu'en Russie nous avons aussi des grèves, mais elles sont moins fréquentes qu'en France. Vos syndicats ici sont plus puissants.

SECTION V

TRACK 52

Pour son retour à la chanson avec « Divinidylle », Vanessa Paradis a vendu 120,000 albums en trois semaines. La chanteuse a été classée numéro un des ventes dès la sortie du disque.

TRACK 53

Grosse frayeur dans un salon de coiffure samedi, quand un sanglier y est entré. Les clientes affolées se sont vite réfugiées dans une pièce en retrait. Le sanglier a finalement été endormi par un vétérinaire.

TRACK 54

Évacuation de mal-logés à Paris. Les forces de l'ordre sont intervenues entre six et sept heures du matin pour faire partir les centaines de tentes installées sur le trottoir rue de la Banque.